心

KOKORO

Hints and Echoes of Japanese Inner Life

小泉八雲——著

本書收錄的文章探討日本生活的內在，而非外表——這也正是爲何各篇文章會集結於這本名爲《心》的書中。上述的「心」字，在情感上也指涉精神、心靈、勇氣、決心、感性、情愛，及內在的意義，一如英文常見的「the heart of thing」——即爲「物之心」。

小泉八雲

一八九五年九月十五日於神戶

目次

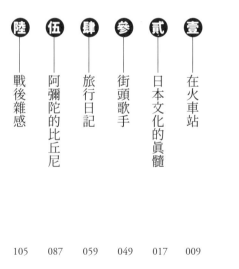

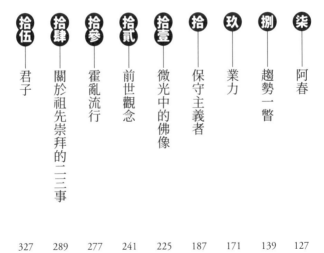

壹

在火車站

明治二十六年　六月七日

昨日一封捎自福岡的電報上寫著，一個鋌而走險的重刑犯在當地被捕，今日會被移至熊本接受審判，而列車將於中午抵達。熊本的警察已前往福岡押解犯人。

四年前，一個壯碩的盜賊在相撲町夜闖空門，威脅並綑綁屋主，同時奪走許多值錢物品。警方抽絲剝繭之下，二十四小時內他便束手就擒——他甚至還來不及變賣贓物。但就在押送警局途中，那盜賊突然掙脫束縛，奪劍殺警後逃逸。直到上周都沒有這個盜賊的消息。

後來，一名熊本警探恰巧造訪福岡監獄，在眾囚犯之間他看見一張臉孔。他依稀記得四年前曾替這張臉拍過照片。

「那人是誰？」他詢問守衛。

「是個盜賊。」守衛回答道：「冊上登記的名字是草部。」

警探走近那盜賊，說道：「你不是草部。野村貞一，你因爲謀殺罪被熊本警方通緝。」最後，那位重刑犯坦承一切。

我與一大群民衆想目睹列車抵達，在站前簇擁著。我原先預期會見識到群衆的怒氣，甚至擔心出現暴動。那名遭殺害的警察甚受村民喜愛，他的親友肯定也在人群中。熊本人可不是好惹的，我本以爲會看見許多值勤員警，但我預期錯了。

列車在一如往常的嘈雜及匆忙景象中停下，旅客穿著木屐喀啦喀啦地快速走過；男童叫喊著，販售日文報紙及熊本檸檬水。人群在柵欄外等了將近五分鐘，隨後警官推著犯人現身門外。低著頭的人犯是個看似狂放的壯漢，雙手被綑綁在後。他和警衛佇立門前，群眾爭相目睹，但現場鴉雀無聲。隨後，警員喊著：

「杉原女士，杉原おさび，在嗎？」

「是！」一名站在我身旁、背著男童、個頭略小的女性答道。隨後在眾人催促下往前走。她是死者的遺孀，那背上男童也就是死者的遺腹子了。圍觀群眾在警察揮手下，朝後退了幾步，這才騰出一塊空地來。在那空間中，遺孀、男童和謀殺犯面對面站著。四周一片死寂。

這時，警察沒對著婦人，反而向男童開口。他的聲音雖小，卻清楚字字句句皆可聞：

「小朋友，這就是四年前殺害你父親的人。你那時尚未出生，還在媽媽肚子裡。你現在之所以沒有爸爸疼你，全是因爲他的所作所爲。看著他（此時警察用手抓著犯人的下巴，兇狠地逼著他抬頭面對）——小朋友，你好好看著他！別怕，沒錯，這很痛苦，但這是你的責任。看著他！」

越過母親的肩，男童瞪大雙眼直盯著犯人，彷彿十分驚嚇，接著開始嚎泣。淚水奪眶而出，但他仍持續乖乖地看著——看著——看著——直視那張畏怯的面容。

衆人此時彷彿停止呼吸。

我看見那犯人的五官開始扭曲；我看見他倏然跪倒在地，儘管腳上仍有腳鐐。他的臉撞向地面，帶著悔恨情緒、痛徹心扉地嘶吼著：

「請原諒我！原諒我！小朋友，請原諒我！我不是因爲怨恨才殺了你爸爸，而是因爲害怕。那時我只想逃跑。我的行爲非常非常惡劣，對你犯下了難以言喻的大錯！如今我只能以死謝罪。我願意一死，我樂意一死！小朋友，大發慈悲，饒了我吧！」

那男童依舊隱隱哭泣。警察拎起顫抖著的犯人，啞然失聲的衆人紛紛往左右挪出一條通道，讓兩人經過。接著，十分突然地，圍觀的群衆開始啜泣。當曬得黝黑的警官經過我面前時，我看到一幅過去從未見過的景象，這畫面或許我再也見不著。那是一位日本警察的淚水。

衆人散去，獨留我沉思著這不可思議的道德場景。這是一場堅定卻令人心生憐憫的審判，藉由顯示犯行後果的悲痛景象，迫使犯人認錯。這當中有人犯絕望的自責，只求在死前得到諒解，也有一群民衆（他們若是發怒，會是全帝國最危險的一群人）能完全理解、爲之動容，且滿足於人犯的悔恨與羞恥，並透過對艱困生活及人性弱點的深刻體驗，抱持對罪行的深深悲痛之情，而非憤怒。

因爲這帶有強烈的東方色彩，此事件最值得注意之處，在於悔恨的訴求是源自犯人的父愛之情，他對孩子的潛在關愛。這也是每位日本人靈魂當中十分重要的部分。

另外，有一個關於日本名盜石川五衛門的故事。五衛門曾在某次夜闖空門企圖殺人強盜時，被對他伸手微笑的嬰孩吸引，他開始和嬰孩玩了起來，徹底忘記原本的目的。

這並非教人難以置信的故事。每年警方記錄當中均可見罪犯對於孩童的憐憫之情。數月前，本地報紙曾刊載一起強盜殺人的滅門慘劇。有七人在睡夢中遭人殺害肢解，然而警方卻發現，有位男童毫髮無傷，獨自在一片血泊中哭泣。他們發現了一個明顯的事實，行凶者當時必然小心翼翼地不傷害那名男童。

貳

日本文化的眞髓

一

在一艦未沉且一戰未敗的氣勢下，日本痛擊了中國，創造出新朝鮮，拓展其帝國疆域，也翻轉了東亞政治的面貌。這在政治上似乎讓人訝異，但在心理層次上卻更加驚人，因爲這代表這個民族未曾向外展示過的高度執行力。心理學家知道，日本這三十年間所謂的「採行西方文明」，不能解讀成這個民族過去從未利用自己的頭腦或能力。這同樣不表示大和民族的心性和德性在短時間內突然有了巨大變化。他們不會在一代之間就有如此轉變。西化對文明的影響十分緩慢，甚至需要數百年才會產生某種永久的心理效果。

在此前提下，日本似乎是世界上最特別的國家。整個「西化」過程中最精彩之處，是這個民族的頭腦能承受大幅度的衝擊。這在人類歷史中相當獨特，但這背後有何意義？它眞正的意義，不過是將日本既存思想的部分結構進行重新排列。卽便如此，仍有數以千計的人認爲這是旣有思想的消亡。「採行西方文明」並非如未經思考的人所想像的那般輕鬆。心性改造的代價至今顯然仍未出現，但在這個一向能展現特別能力的民族當中，卻已可見開花結果。長久以來，這個國家相當擅於諸多精巧的技能，也因此，西方工業的發明應用能在日本人手中徹底發揮，並從中創造出優異成果。當中本質沒有任何轉變，只不過是將舊有技能轉變成更新、更大的規模。某些專業科學領域也是如此。自然而然，在某些科學，如醫學、外科手術（日本人的外科手術在世界無出其右）、化學、顯微鏡學等領域上，日本人的天分能將之消化吸收，成就也早已聞名於世。日本在戰爭及統治上也已展現出強大勢力。綜觀歷史，日本人早已受認定具有強大的軍事及政治能力。不過，他們的天分在陌生領域上仍未見成就——例如西洋音樂、西洋藝術、西洋文學。即使努力多時，似乎仍是枉然」。這些領域在西方的情感中具有強大的渲染力，但在日本式的情感中則無法有如此表現。思想家知道，教育無法改變個人的情感；若認爲大和民族的情感特質能在短短三十年間，單靠接觸西方思維而有所改變，這種看法未免荒謬。所謂的情感，遠比理智更爲古老，更加深沉，它不會因爲外在環境更動而有變化，一如鏡面不會因爲鏡中物的更換也隨之改變。日本人所有登峰造極的成果表現，都是在未經自我轉化下完成的；那些認爲「日本如今在情感上比三十年前更貼近西方」的人，全忽略了這事實當中並無爭論餘地。

憐憫之情受限於理解能力。我們也許只能在自己所能理解的程度中產生共感。或許有人會幻想能與中國人或日本人產生共感，但除了在不因老幼而有所別的日常情感範圍之外，絕不可能有眞正的共感可言。更爲複雜的東方情感是由祖傳的、個人的一連串經驗所組成，西方人完全不具類似的經驗，也無法理解。反之亦然，日本人卽便有心、卻也無力讓歐洲人對其擁有最深層的共感。

無論在理性面或感性面（因爲兩者乃相輔相成）上，西方人仍無法領悟日式生活的眞實樣貌，同樣也無法跳離自己原本的價值觀。比起自己原先的

1／在某些意義上，西方藝術如文學、戲劇曾影響日本。這顯示我指涉的種族差異。歐洲戲劇曾在日本舞台改編演出，歐洲小說也曾改寫給日本讀者，但罕有人直譯。這是因爲原始的劇情、思維及情感會讓一般讀者、觀衆難以理解。劇情因此會進行改編，當中的情感和情節也被徹底轉變。《新悔改的賣春婦》（The New Magdalen）變成嫁給異族的日本女子；雨果的《悲慘世界》變成日本內戰物語，當中人物恩佐拉（Enjolras）化身爲日本學生。不過，仍有少數例外，如大獲成功的《少年維特的煩惱》直譯版。

生活，日式生活顯得「微小」。它風雅，在趣味和價值上都有精緻的潛能；但相對的，它也「小」得讓西方生活相形下有如超自然。假若必須比較，必然會發現東西兩方在理性及感性層面上的差異竟如天壤之別！但這些差異都不及東京那危危顫顫的木造小街，與巴黎、倫敦堅固的大道之間的差別之大。若比較東西方各自對夢想、抱負及願景的言論——就像哥德大教堂之於神社、威爾第歌劇或華格納的《指環》三部曲之於藝伎歌舞、歐洲史詩之於日本短歌——無論在情感強度、想像力，及藝術的綜合體上，差距也都無可衡量！確實，西方音樂的本質是現代藝術，但若回顧我們所有的歷史，會發現創作力今昔的明顯差異——絕非古羅馬時期雄偉的大理石露天劇場、及連結各省的高架水道，亦非古希臘時期神像雕刻與浩瀚詩篇。

這也帶出了日本國力激增的另一個主題。除了出現在生產力、戰力的強大能力之外，何處可見它外在的物質象徵？並不存在！日本在感性、理性層面所缺的特質，同樣不見於工業及商業層面——那就是「巨大」！它的國土如舊，面貌在明治維新後依然如故。鐵道和電線桿、橋梁與隧道大多隱身在古老的翠綠地景中。除通商口岸、外人居留地外的所有城市，幾乎不見任何受西方啟發的街道輪廓。你遊遍日本內地二百里，也許仍不見任何大規模的新文明。無論何處都不會看到利用大型倉庫展現野心的商業模式，或在數以畝計的廠房下拓增機器設備的工業擴張。日本城市仍舊如同十個世紀前、彷彿紙燈籠般的詩情畫意，僅僅略勝荒野中的小木屋。而且四處均不見騷動和噪音，沒有擁擠的街道，未聞轟隆聲響，也不見匆忙步調。只要你希望，身處東京仍能享受鄉間般的寧靜。日本這股威脅西方市場、改變了遠東版圖的新勢力，在視覺及聽覺上的空乏現象相當奇特，我甚至會以古怪形容。這就像當你穿行數里後攀上某些神社，那些千年來陰暗、腐朽，住著精靈又空無一物的木造結構，最終只發現一片虛無和寧靜。日本的力量，一如其古老信仰的力量，無需物質的呈現；這兩股力量正蘊藏於所有偉大的民族那深沉的力量之所在，也就是民族精神當中。

二

每當我冥想，那些大都市的記憶便浮現腦海。這城市直聳入雲，怒吼如狂濤。我先想那吼聲，景象繼而浮現：一座峽谷便是街道，山峰之間則是房舍相連。我非常疲倦，因爲在磚石堆疊而成的峽谷中走了很遠，卻踩踏不到土壤，腳下唯有厚厚的石板路。除了如響雷般的喧嘩，我別無所聞。我知道在那些廣闊石板路底下的深處，有一個巨大的洞窟世界，一個爲了供給火力、蒸氣及水源的層層人造脈絡系統的世界。路兩旁是窗戶穿刺交疊的高塔立面，一座座建築峭壁遮蔽了日光。而在最上頭，彷彿蛛絲般不見盡頭的電線，交織出團團迷陣，將天空切成一條條天藍色的條紋。街道右邊住有九千人，高廈裡的房客要付上百萬年租，就算是七百萬，也無法負擔住進那遮蔽廣場的大廈裡的開銷，這些大廈甚至綿延數里。鋼筋與水泥、黃銅和石材，欄杆裝飾奢華的樓梯直上十層、甚至二十層，然而，梯階上卻沒有足跡踏過。人能藉由水力、蒸氣及電力自由升降來去。因爲單靠雙腳登高，高度會教人暈眩，距離也會使人卻步。友人花費五千元租下附近大廈的十四樓，但他從未登梯上樓。如今我爲了滿足好奇心，獨自踏上階梯。然而我大有不走樓梯登樓的理由。因爲對緩慢的腳程而言，這空間太遼闊，時間也太寶貴。所以人才在區域與區域、住所與公司之間藉著蒸氣通勤。然而，因爲高度太高，聲音難以傳達，人只好透過機器收發指令。藉由電力，遠處的門戶得以開啟。輕輕一指，便能亮燈溫暖百戶。

這些沉默的巨物如此牢固、恐怖，這是數學的力量力服膺於堅固耐用的功利結構下所生成的巨物。這些綿延不絕的宮殿、庫房、商辦，及無以名狀的其他建築絕非美觀，而是災難。創造這些建築的偉大生命沒有共感，這些建築的龐大力量不具憐憫，這教人沮喪。它們是新工業時代的建築表象。而那些貫耳如雷的車輪聲、席捲街道的馬蹄、腳步聲仍不停歇。爲了發問，你必須大吼才能被人聽見；要在這高壓的介質中看清楚、思考及移動，則需要經驗。不習慣的人會爲之恐慌，感覺自己彷彿身在暴風或旋風之中。

龐然大物般的街道順著石橋、鐵橋跳過溪河，跨過海岸。放眼只見雜亂的船桅及蜘蛛網狀的索具，遮蓋著海邊懸崖。相較於船桅、索具交錯而成的無窮迷陣，森林中的草木枝葉更顯稀疏零落。但這就是現狀。

三

一般而言，西方人建設是爲了耐用，日本人則是爲了當下。日本的日用品很少考量到耐用。草鞋在途中穿壞了就換雙新的，衣物也只是簡單縫合而成，洗過一次就脫線；旅店會提供投宿者新筷子，窗牆上的薄障子[2]每兩年就得重新換紙，而榻榻米年年入秋時也得換新。這些日常生活中的無數小事，

2／障子（しょうじ）是日式房屋用來隔間用的拉窗、拉門、隔扇，會在其上糊上一層和紙。

不過是描繪這國家滿足於當下的幾個例子。

而一般日本住宅又有何殊異之處？某天早晨，我出門行經路口街角時，看見幾個人正在空地插上數根竹子。五個小時後，我在返家時看見空地上已出現兩層樓的骨架。隔天一早，更看見牆面已大致完成，那是一面以泥巴與枝條建成的牆。等到日落時分，房上屋瓦已完全鋪妥。再過一天，工人便已經鋪好房裡的榻榻米，室內牆壁也更已敷上灰泥。最後，這房子只花了五天便落成。當然，這是棟簡陋的房舍，若更精緻的建造則需更長時間。但日本城市大多是由像這樣的尋常住宅組成，屋舍價格就如其簡樸一樣低廉。

我已記不得何時曾聽過，中國式的屋頂曲線多少保留住了遊牧帳棚的記憶。在我悵然忘卻這說法從何而來之後，它仍纏繞我心頭許久。後來，我在出雲初見出雲大社時，發現在它山形屋頂的末端和屋脊上有著十字突起的特殊構造。我忽然想起那篇被遺忘的文章，當中曾提到這新建築樣式的可能起源。但在建築傳統之外，還有更多日本事物暗示著大和民族祖先的遊牧習性。無論何時何地，我們都看不見所謂的「堅固」。這種短暫性似乎標記在日本人生活裡幾乎所有的萬事萬物當中，但農人自古以來的穿著和農耕器具的外型則是少數例外。即使在相對短暫的歷史記載中，日本也已遷都逾六十次，而且當中絕大多數都已消失無蹤。我在此無意詳細論述，但或許每座日本城市在一個世代間便會重建，改頭換面。某些神社佛閣及少數城郭或許是例外，但一般而言，在人的短短一生中，日本城市的外觀就算不變，本質也會有所變化。火災、地震或其他災變都是肇因，但最主要在於房舍無法讓人長久安住。尋常百姓沒有祖傳的房舍，最親的地方不是出生地，而是下葬處。除了墓地及神社，少有地方能長存久居。

日本就連土地也瞬息萬變。河川會改變流向，海岸會變化輪廓；平原會抬升，火山隆起、崩塌，谷地則會因岩漿或山崩而淹沒，而湖泊或現或滅。就連那獨一無二，在百年來啟發眾多藝術家的富士山雪頂，據說在我來到日本的這段期間，都已有些微變化。短短時間內，在此同時，境內有不少山峰的外型也已徹底改變。日本唯有土地的大致輪廓、本質的大致層面、那四季的大致特性是恆常不變的。甚至這片地景的絕美也是虛幻無常，那是一種色彩嬗變、雲霧消長的絕美。只有熟悉這片地景的人才會知道，在諸島歷史中，群山的雲霧吞吐如何嘲弄實際的改變，又如何預言其他將至的變化。

眾神確實仍在他們山巔的神社居所出沒，藉樹林中透出的微光，傳達柔軟的信仰敬畏之心，也許這正是因爲祂們無形也無體。神社很少會像人的住所一樣被徹底遺忘，但幾乎各神社都會不定期地改建。當中最神聖、且遵從祖傳習俗的伊勢神宮，每二十年必定拆除重建，而木材會轉製成數千御守，分送信衆。

源自亞利安印度，經由中國傳入的佛教，它浩瀚的教義也非亙久不變。日本第一批佛寺的建造者，來自中國的工匠，將佛寺建得極好，即便曾圍繞四周的城市已不復存在，鎌倉的中式佛寺建築歷經數世紀仍卻依然佇立，這便是證據。佛教的精神不可能驅使人心生起追求物質的渴望。佛教教義認爲宇宙是一道幻夢，而人生不過是無限旅程當中的轉瞬一站；所有人、事、物的連結注定帶著悲傷；唯有棄絕欲念，甚至是至臻涅槃的欲念，才能讓人心獲得永恆的寧靜。這些精神無不與大和民族自古以來的情感相互調和。雖然日本人並不信仰外來的深奧哲學，但隨時間流轉，佛教那無常的教義最終也已深深影響大和民族的性格。它闡述一切、撫慰人心，它教人承擔一切世事，它強化了日本人的特質，亦即耐心。佛教即使不實際創造什麼，但它無常的教義也已在日本藝術上留下痕跡。佛教教誨世人知曉天地自然是夢境、是幻象、是泡影，但也教誨你我如何把握這幻夢的短瞬印象，以至高的眞理解釋。而日本人學得相當好。在春櫻滿開時，在知了來去間，在秋葉簇紅處，在雪地幽美裡，在雲海蜃影下，日本人看見古老寓言裡的永恆意義。甚至在他們的災禍中，火災、洪水、地震、疾病，他們依舊領悟到永恆的寂滅之理。

時間中存在的終將滅絕。林木、群山，萬物依此存在。有情萬物自時間中誕生。

無論日或月，帝釋天與所有隨從終將滅絕，無一倖免，無一永存。

原初時萬物固定，終末時萬物分離。各種結合生成新物質，因為自然無不變恆常的規律。

凡合成物必將老朽；凡合成物必為暫時。沒有永存的組成，即使一粒胡麻也不例外。萬物均一瞬，萬物與生俱來必分解。

凡合成物均短暫、善變、必逝又易碎，無一例外。萬物均如蜃樓、幻沫、泡影般易逝　即使陶器亦終將破碎，一如人生。

信仰本身無法言喻，亦無法表述——它是物亦非物，連孩童或庸才都明白此道理。

四

因此，日本生活當中的空乏性和暫時性是否帶有其他補償價值，便值得探索。

空乏和短暫具有的極度可塑性最能象徵日本生活。日本人代表了一種具有永久循環粒子的媒介，而其運行模式相當獨特。比起西方人的運行方式，它更巨大也更反常，但在點和點之間的運行卻較微弱。同時，它卻相當自然，甚至自然到可能無法在西方文明中存在。歐洲人與日本人的機動性可從某些快速及低速的往返來比較。在如此比較中，快速往返代表著應用人類力量的結果，低速往返則非。這種差異會比表象更具意義。某層面而言，美國人自認爲最擅長往返移動、行旅各處，這或許沒錯。但從另一層面來說，當中肯定有認知錯誤。以移動行旅的頻繁程度而言，美國人完全無法與日本人相提並論。若論及機動性，我們理所當然會認爲應以大衆、也就是勞工爲主要考量，而非僅少數的富人階級。在所有文明國家中，應屬日本移動最甚。就連身處在一片由連綿山脈組成的土地上，仍無法阻絕他們的行動。在日本，最常行動的是那些無須藉鐵路或蒸氣火車的那類人。

相較於日本勞工，今日的西方勞工受限許多。因爲西化社會帶有複雜的機制，讓其力量傾向於聚集結合成堅固的狀態。也因爲社會及產業的機制，使得工作者必須重新形塑自我，以達到機制本身的特定要求。他必須活在一種無法單靠節儉度日就能在金錢上獨立的標準中，受限程度因而更甚。爲了能夠獨立，一個人必須比其他同樣想逃離束縛的成千優秀競爭者，擁有更獨特的性格及本領。但接著，因爲在文明化後的特定性格使得人喪失了「無需藉由機器、或大量資本便能生存」的天賦，最後反而更是無法自主。人若以如此不自然的方式生存，遲早會喪失獨立能力。西方人在起身行動之前要考量許多事，但日本人無需如此。他只要離開自己不喜歡的地方，便能前往任何想去之處，沒有任何事物可阻擋。窮困在此並非阻礙，反而是種刺激。他不備任何行囊，或是簡單打包就能輕裝上路。距離對他而言不重要。老天賜給他完美的雙足，讓他一天走上五十里也不覺疼痛；老天也給他一囊胃袋，可消化歐洲人無法藉此維生的食物營養，他同時有一副無懼地寒、天熱及濕氣的肉身。就算身著不利健康的衣物、享有過多便利性，或是已習慣藉爐火取暖，或穿著皮鞋，他的體質仍能戰勝一切。

在我看來，鞋履的象徵遠比一般人所認知的還多。鞋卽代表一個是否擁有自由。它不只意味著高昂的代價，甚至帶有更多意義。皮鞋也造成西方人原本的雙足變形，讓雙腳無法依進化而來的功能運作。然而，鞋履對身體的影響不單在雙腳而已。人移動的方式對身體的影響無論是直接或間接，都會延伸至全身結構。但弊害僅止於此嗎？或許西方人都已屈服於現有文明中不合理的常規下，因爲我們已臣服於鞋匠的專制下許久。這也可能是西方在政治、社會倫理及宗教體制上的弱點，並多少與穿皮鞋的習慣有關。在束縛之中，肉體的屈服必會助長心靈的歸順。

但日本人（即使是經驗老道的日本勞工，其工資仍低於同產業的西方同行）不受鞋匠或裁縫箝制。他們的雙腳美觀、身體健康，而且心靈自由。他們若想行遍千萬里，能在五分鐘內立刻啟程。他們身著的衣物不值七十五毛，隨身行囊用一塊手巾便可全數收納。只需十元，他們便可捨棄工作旅行一年，或是邊旅行邊工作，甚至索性當個遊子浪人。你也許會反駁說，任何一個蠻人也能這麼樣流浪。沒錯，但沒有文明人能如此。然而日本人已有千年高度文明。也因此，他們的能力可說是對西方製造商的威脅。

西方人爲了從中找出意義，已太過習慣將日本人這種獨自行動的能力，與乞丐或遊民聯想在一起，或是與其他令人不快的事物，比如不潔與惡臭。然而，就如張伯倫教授[3]的精采評論：「日本人民是世界上最好的一群。」日本的行旅者只要身上有一毛錢，天天都會上澡堂泡湯，就算沒錢也會洗冷水澡。他的行囊裡有梳子、牙籤、剃刀、牙刷等盥洗用具。他從不讓自己邋遢，一旦抵達目的地，他就能讓自己化爲翩翩有禮的旅人，衣著卽便樸素，模樣也能完美無瑕[4]。

能穿著最基本但整齊的衣物，在家徒四壁之下身無長物地過生活，日本人這種能力不僅展現出他們在困頓中求生的優勢，更凸顯西方文明某些卑劣卻眞實的特質，西方人生活中多樣但無謂的需求也隨之現形。我們需要肉類、麵包及奶油，需要玻璃窗及火源，需要帽子、白襯衫及毛料內著，需要靴鞋，各種箱盒包袋，床架、床墊、床單及毛毯，然而這些東西日本人都不需要，甚至沒有還更好。想一想，西洋服飾認爲一件昂貴的白襯衫有多重要！然而即便是所謂「紳士徽章」的亞麻襯衫，也不過是件無用的衣裳，它既不保暖，也不舒適。亞麻襯衫代表過往貴族階級殘存的風尚，而如今就如同外套袖口縫飾的鈕釦，既無用處，也無意義。

3／張伯倫（Basil Hall Chamberlain，1850-1935）：英國的日本研究學者，曾任東京帝國大學教授，亦曾英譯《古事記》。

4／評論家曾嘲弄阿諾德（Sir Edward Arnold）爵士對日本人的評論，他認爲日本民衆聞起來就像天竺葵。但的確如此！這種香料叫做じゃこう（麝香），只需一點，便容易被誤認爲是天竺葵的香味。在任何有女性在場的集會中，幾乎都可聞到麝香味；因爲收納衣裳的抽屜會放著幾粒麝香。除了這高雅的香氣外，日本民衆幾乎沒有體味。

五

日本的偉大事蹟缺少可見的重要標誌，這證明了這個民族的文明是以一種特別的方式運行。儘管它不會永遠如此，如今卻已達到驚人成就。日本人從事生產時並無西方所謂的「資本」。他們漸進地進行工業化，但本質上不是機械化與勞力化。大量米粟是在數百萬處零碎的田地裡種成，蠶絲產自百萬戶清貧家庭，茶葉種植在無數的小型坡地上。若你在京都向世界上最高明的製瓷工匠訂購產品，他的產品在倫敦及巴黎的知名度甚至比日本還高，會發現他的工坊不過是連美國農人都不想住的簡陋木屋。一個要價兩百元、高五呎、由一流景泰藍工匠製作的花瓶，也許會是在隔成六間小房的兩層樓舍中完成。而日本最好、最著名的絲質腰封，也可能是在造價不過五百元的屋內生產，而且當然是手工織成。然而，運用機械生產，且技術精巧到足以擊潰西方企業的工廠，除了少數，廠房外觀上幾乎不會有可觀之處。這些廠房大多深長、簡陋，普遍是僅有一或兩層的建築，僅約西方一排木造馬廄的造價。但從這類建築生產出的絲綢能賣遍全世界。有時，你只能透過開口探詢或機器的嗡嗡聲，才分辨得出那些貌似老舊屋敷或校舍的地方是否為工廠，除非你能理解在大門庭園前的漢字。

工業資本的整合已將建築的巨獸和機械的巴別塔帶進西方生活。但如此的整合在遠東地區並不存在。導致如此景況的資本在日本確實不存在。而且就算日本可能會在幾世代內出現資本力量的整合，那也不易反映到他們的建設上。地震讓就算座落在主要商業區的兩層磚房也不會有好下場，地震似乎是對這個國家的樓房從古至今都如此簡陋的譴責。這片土地不斷反抗西式建築的入侵，有時甚至透過地表隆起或扭曲鐵軌，來反對新的交通制度。

維持這種未整合狀態的不是只有工業，政府本身也有類似的情況。除了王位，沒有什麼是恆常不變的。

不斷的變革與國家的政策相應，從大臣、知事、局長到視學官，所有文武百官均不定期地會在短得嚇人的時間內調動，再小的官員也常見大搬風。我在日本第一年所待的縣，五年內就換了四任知事。我在熊本的戰前期間，像師長、團長如此重要的指揮官就換了三次。高中校長三年內也換了三人。這樣變動的頻率在教育圈中尤其顯著。我任教職那時換了五任文部大臣，更迭五次教育政策。而與當地議會關係密切的兩萬六千所公立學校卽使沒有其他影響，卻也因議員改選而難免有所變化，校長及教師常常轉校。就有位才三十出頭的教師，幾乎已在那區的所有學校服務過。在上述種種情形下，教育體制若還能出現偉大成就，堪稱奇蹟。

對所有進步歷程及重大發展而言，西方習慣認為一定程度的穩定是必要條件。但日本提供了一個無法反駁的證明：重大發展可以不需任何穩定性。這成因在於日本的民族特性，它在種種面向都與西方相反。日本人一致地善變、一致地易感，他們一致地朝向偉大目標邁進，四千萬國民服從於統治者的理念，受其形塑，恰如久經風蝕的水和砂。這類服從性格是源於日本人心靈的原貌，一種罕見的無我及完美信念的古老狀態。日本民族性缺乏「利己的個人主義」，然而這卻解救了帝國，賦予日本人在對抗強大的優勢力量時，仍能保有獨立性。這或許得歸功於他們兩個偉大的信仰，亦即神道教與佛教。神道教創造、存續著日本倫理的力量，並將「君、國之利益應優於自我利益」的觀念傳授給人民；佛教訓練人去控制悔恨，忍受痛楚，接受所愛之物的消逝、所恨之物的專橫等等。

然而，僵化的傾向如今已衆所皆知，求變的危險導致了如此結果，官僚主義導致禍害，一如中國的衰敗。新式教育在道德上的成果仍不及對物質上的成就。就算在全然利己的價值觀下，對「自我」的追求也難以在下個世紀的日本實現。他們只將這些貌似聰明的新思維作爲自我防禦的武器，以及對於激進自我主義的新觀點，這甚至反映在學生的作文中。一個內心逐漸喪失佛家思想的人曾寫道：「人生本無常。昨富今貧屢見不鮮。這是進化法則下的弱肉強食。無人能避免。即使並非出於本意，吾輩唯有互相殘殺。武器爲何？教育鑄成的知識寶劍。」

不過，自我養成有兩種形式。一種會使人高尚，發展傑出；另一種則否。然而，新日本眼下著手的並非前者。我承認我是那些認爲「人心比智慧更貴重」的人，而人心將徹底證明它能解開所有人生的難解之謎。我也確信，昔日的日本人比我們更接近那些謎題的答案，因爲他們認爲道德之美更甚於智慧。

我想大膽引法國作家布倫特爾（Ferdinand Brunetiere）一篇關於教育的文章作爲總結：

如果我們不致力將所有教育方針根植、並銘刻在心，那就像是緣木求魚，就如哲學家拉梅內（Lamennais）的名言：「人類社會立基於互相給予，或為他人奉獻，又或我為人人。奉獻是所有真實社會的本質。」這也是在近一個世紀內，我們學不到的事情，而若我們需要重新教育，這會是我們再度學習的課程。如果缺乏這種觀念，就不會有社會或教育——如果教育的宗旨是在型塑個人以進入社會。個人主義是今日教育的大敵，也是社會秩序的大敵。這情況雖非一向如此，但已經來臨。它不會永遠持續，但現況正是如此。若不努力消滅，會從一個極端陷入另一個極端——我們必須要體認到，無論我們想對家庭、社會教育、國家做些什麼，對抗個人主義會是必要工作。

參

街頭歌手

一個手執三味線的婦人，帶著年約七、八歲的男童，來到我家門前唱歌。她身穿農婦裝，頭上綁著藍布巾。她相貌醜陋，而她天生的容顏更因天花益顯不堪。那男童拿著一捆歌本。

鄰居開始在我庭前簇擁聚集，他們多是年輕婦人和帶著娃娃的褓姆，然而也有老翁老嫗，這些附近的隱者。人力車夫也拉著車從隔壁街角過來，直到門前再無空間可站。

賣唱婦人坐在我的門階上，先為三味線調音，隨後唱起一小段旋律。她的魅力直入人群，衆人彼此相望，驚嘆地微笑著。

一道道天籟生線從那醜陋的雙唇間湧出，她極具穿透力的甜美嗓音中帶有年輕、深沉，和難以言喻的感動。「她可是林中仙女？」有個旁觀者問道。但她不過是個女子，一個極為傑出的賣唱婦人。她彈奏三味線的手法也許會令一流的藝伎驚訝不已，但卻沒有任何藝伎能擁有此般美聲。她如同尋常農婦那樣唱著，她也許是從知了或夜鶯那兒習得聲律，而音節的高低起伏更是不見於西方的音樂語言。

當她唱起歌，聽者便開始低聲啜泣。我無法理解歌詞，但在心中能感受到她聲音傳達出日本生活的悲喜，以及當中那哀戚地尋覓未知之物的堅毅。無形的溫柔似乎在聽眾心中累積並震顫著，過往時空那被淡忘的覺知浮現腦中，鬼魅地與情緒交織，而這感受在任何時空和既有記憶之中皆不存在。

後來我才知道賣唱婦是盲人。

曲畢，我們哄著她進屋，探問她來歷。她過去便歌藝超群，兒時就已習得三味線。而那男童是她的兒子。她丈夫中風，她自己也因罹患天花而失明。然而她十分堅強，還能遠行賣唱，孩子若累了，她就會背著他。她之所以還能挑起照顧男童及病夫的生活重擔，是因爲只要當她開口唱歌，無論何時，衆人無不因此掩面而泣，提供她金錢與食物……這就是她的故事。我們給了她些許金錢及食物後，男童就帶領她離開了。

我向賣唱婦買了一份歌本，歌中內容與最近兩起殉情事件有關：「玉代竹次郎的悲歌——作於大阪市南區日本橋四丁目十四番屋敷竹中」。這歌本無疑是版印而成，當中有兩幅小畫。一幅是一對模樣悲傷的年輕男女，另一幅則有一片東西看似琴的弦板，上頭繪有書桌、昏暗的燭光、攤開的信紙、焚香、插在瓶中的樒樹——這種神聖的植物在佛教儀式中是亡靈的供品。上頭寫著古怪的草書，看起來像是速記而成。

我大略譯出以下：

在著名的大阪西本町一丁目——噯，悲戚的故事。
十九歲的玉代愛上年輕工匠竹次郎。
他們以生命的時光交換誓言——愛上遊女的悲哀。
兩人的手臂各刺上了龍及竹字，忘卻浮世的煩擾。
但他付不起五十五圓為她贖身，竹次郎內心的煎熬！
既然此生無緣共結連理，兩人發誓同赴黃泉。
向友人交代後事，噯，兩人逝去的悲哀有如露水。
玉代喝下杯中水，互相承諾死亡。
噯，眷侶殉情的紛擾，他們人生的苦痛都已結束。

簡言之，這個故事當中沒有殊異之處，旋律也不特別出色。所有令人迷醉的演出皆是來自那賣唱婦人的歌喉。她的聲音繞梁三日，不絕於耳，帶來的悲喜失落感，奇特得讓我無法言喻，只能試著自我解釋那些神奇音符的奧妙。在沉澱之後，我如此思量：

所有歌曲、旋律、樂音，都只是某些情感原始，以及利用詞語表達喜怒哀樂方式的進化。即使其他語言的語音相當多元，日文的抑揚頓挫也變化多端，也因此，這般深深感動我們的旋律，對日本人來說其實並沒有什麼；而那些我們無動於衷的旋律，也可能會對那些靈魂迥異於我們的民族帶來強烈的情感衝擊……不過，我爲何會在心中對未曾聽聞的東洋吟唱湧出如此深沉感受？而且來自這日本盲婦所唱的尋常歌曲？賣唱婦的嗓音帶出的某些情感，無疑能引出某種超過日本人經驗總和的感情，某種遼闊一如人生，如同善與惡般遠古的感情。

二十五年前的某個夏夜，我在倫敦的公園內聽到一個女孩向路人道了聲「晚安」。只有這兩字：「晚安」。我不認識、也沒見過她，甚至之後就再也沒聽過她的聲音。但即使經過數十寒冬，記憶中那句「晚安」依然讓我萬般悸動，勾引出不可思議的愉悅和痛苦——如此的悲喜感觸無疑不是源於我，也不存於我的經驗。那屬於前世及過去的世界。

這類只聽過一次就能感受到魅力的聲音，並非今世的產物。它源於被遺忘的無盡前世輪迴。這種天籟顯然絕無二致，但在所有情感中，有一種與人生無數聲響相通的溫柔音質。傳承而來的記憶，甚至會讓初生赤子都對這關懷般的音律似曾相識。

同樣地，我們對憐憫、悲痛、同情的音調記憶肯定也傳承了下來。在這個遠東都城，這位盲婦吟唱的歌聲或許也會喚醒較我個人感受還強烈的西洋情懷，被傷痛遺忘的沉默傷感，以及無可追憶之世代的細微感觸。亡者並未真正消逝，它們在疲累心靈和忙碌思緒架構的幽暗小屋中沉睡，等著在某些時刻被能喚起過去的聲音驚醒。

肆

旅行日記

一

一八九五年四月十五日，在大阪—京都的火車上

在車廂座席上，日本女性若是昏昏欲睡卻又無法躺下時，會撩起長袖子掩住臉，接著才開始打盹。二等車廂內，有三名女子正睡成一排，面容都被左邊衣袖遮住，隨著列車一同搖晃，就像輕輕飄蕩的蓮花（這種以左衣袖遮臉的方法若非偶然，便是本能。很有可能是後者，因爲右手能抓住吊帶或坐墊，以防強烈搖晃）。這番景象優美而有趣，尤其是優美，堪稱日本女子優雅舉止的典型範例；她們總會盡可能以最細緻、最不彰顯自己的方式散發光彩。但這種姿勢也相當可憐，有時像是在厭煩地祈禱著。而這一切，都是因

爲她們被訓練成有責任只能對外展現最愉快的面容。

這讓我回想起某次經驗。

一名在我家中服侍多年的男性，讓我覺得他似乎心情永遠快樂。他在交談時永遠帶著笑容，工作時總看似欣喜，就像對生活中所有麻煩大小事都不知情。但就在某天，我無意間看到他獨自沉思的樣子，他鬆懈時的表情令我大吃一驚。那不是我熟悉的臉。那臉上布滿痛苦和憤怒的深刻紋路，讓他幾乎老了二十歲。爲了示意我的存在，我輕咳幾聲。那面容竟然立刻明亮、柔和了起來，有如返老還童般的神蹟。神蹟，確實如此，這就是永無止境的無我自制力。

（二）

四月十六日，京都

這客棧掀開房門前的木製百葉窗，晨光立刻灑上房內的障子，上面映著小桃樹在這金幕下的完美光影。沒有任何凡人畫家，即使是日本人，能畫得出這般剪影！黃色光芒與深藍陰影的對比，這絕妙的影像隨著障子外看不見的庭樹遠近殊異，呈現著色調濃淡差異。這讓我思考著，日本家庭採光用紙的藝術可能會有的影響。

日本家舍在夜裡會關上障子，使得外觀看起來就像一盞大型紙燈籠，一盞在內部出現陰影變化，而非變化在外的神奇燈籠。到了白天，障子上就只見從外面投射而來的陰影。每天隨著旭日東升，光線越過一片小巧花園的變化，那景象堪稱絕倫。

古老希臘神話中的藝術起源，是人類本能地企圖捕捉那投射在牆上的愛人陰影。這麼解釋並不奇怪。也許，所有藝術感官就像所有超自然的感官，正單純起源自對陰影的研究。障子上的陰影相當值得作爲日本繪畫技術之所以進步的論述；它超越所有的藝術類型，同時卻也難以說明。當然，和紙比任何毛玻璃都適合投映影子，和紙的紙質及陰影的特性也需納入考量。舉例來說，西方植物的輪廓幾乎不若日本庭園林木那般雅致，這是因爲日本庭園林木經過百年歲月洗鍊，美好一如自然。

我希望自己障子的紙張能像照相底板，抓住第一道旭日投射時的印象。然而我已憾於這印象的扭曲和失眞，因爲那美麗的輪廓已開始隨時間行進，緩緩地拉長。

三

四月十六日，京都

在日本所有獨特的美麗事物中，最美的莫過於前往高地參拜或歇憩的路途，條條踏上無境的道路，道道邁入無物的階梯。

確實，它迷人的殊勝之處出自偶然，是人為的建築傑作與大自然最美好光線、色彩的結合。這魅力會在雨天消逝，但仍因反覆無常而更顯美妙。

在那階梯的盡頭，也許是一條約莫半英里長的鋪石坡道，坡道旁種有兩排大樹。每隔一段固定間距，便有石獸沿路守護。隨後是一大段穿過蓊鬱林木的階梯，通往被大量老樹遮蔽的露台，而露台又在樹影中沿著石階連接其他露台。當你不斷登踏台階，直到穿過一座灰樸鳥居，那終點就落在眼前：一座空無一物、不見色彩的木造小神社——「神宮」。那虛無感霎時將我震懾，就在既綿長又莊嚴的參道之後，就在靜謐又隱蔽的高處，它相當幽微。

許多類似的佛家經驗也在等待那些有意一探究竟的人。比方說，我也許會建議遊客去探訪京都東大谷的寺域[5]。宏偉的東大谷山道通往寺院境內，寺院內的階梯足足有五十尺寬，厚重、滿布苔蘚，上頭飾有宏偉的欄杆，最

5／指大谷祖廟，是位於京都市東山區的寺院，屬眞宗大谷派，通稱東大谷，亦是淨土眞宗的祖師親鸞之墓。

後通往一座有圍牆的露台。這景象會讓人想起類似《十日談》時期某些美麗的義大利花園。可是當你逐漸走近露台，只會發現一道開啟的關口——通往墓園！佛寺的造景者是否想告誡世人，無論所有壯麗、氣魄及美善，最終皆通向這般死寂呢？

四

四月十至二十日，京都

我花了幾乎整整三天參觀內國勸業博覽會[6]，而這三天卻只夠我認識該展覽的大致特色及意義而已。會中展品內容以工業為主，但看來仍令人愉悅，因爲各項產品均可見不可思議的藝術應用其中。儘管如此，那些比我更敏銳的觀察家和外國採購商，卻認爲那當中有不祥的弦外之音，也就是東方形成了對西方貿易和工業最恐怖的威脅。「與英國相比，」《倫敦時報》記者寫道，「這些都不過是九牛一毛……就連工業革命的發源地蘭開夏郡，都比韓國、中國還早被日本『侵略』。這已然是一場和平的占領，實際上也是一場成功、卻無痛的蠶食過程……內國勸業博覽會是日本工業進一步擴張的證明……一個每周工資爲三先令外加其他生活費的國家，必然會消滅開銷較之多上四倍的競爭者，其他方面亦然。」這工業的「柔術」必會造成預料之外的結果。

6／明治政府曾於一八七七至一九〇三年（明治十至三十六年）間，舉辦五場「內國勸業博覽會」，以彰顯明治維新後快速發展的國力。

此外，這場博覽會的入場費也值得一提。只要五錢！但可以想見，就算金額如此低廉，也能聚沙成塔，這正是因參觀者爲數衆多。每天都有大量農民湧入城中，大部分是徒步來此朝聖。這趟旅程對許多人來說確實是場「朝聖」，因爲當時也是眞宗大本山的落成典禮。

在我看來，會中美術展區卻比一八九〇年的東京美術展覽會來得差。現場當然有些不錯的展品，但爲數不多。也許這個國家熱切追求的目標已經轉向，改將所有精力和資質朝向有利可圖之處；因爲那些結合藝術和工業的區域——如製陶、瓷器、鑲嵌、刺繡等工藝，並無更精緻貴重的作品可呈現。我的日本友人受到會中某些展品的高價啟發，他觀察後仔細琢磨道：「中國若是採納西洋工業的方法，他們能在世界市場中痛擊日本。」

「或許廉價的產品可以，」我答道：「可是日本沒有理由需要完全仰賴產品的便宜性。我認爲日本更該掌握固有的藝術優勢及優秀品味。一個民族的藝術天分或許有其特殊價值可抗衡，因爲所有仰賴廉價勞力的競爭都是徒勞。在西方國家中，法國卽爲一例。它之所以富有，並不是因爲比鄰國更能壓低價格。他們的產品是世界珍寶，他們擅長奢華和美麗，商品能販售至所有文明國家，全因爲那些都是法國人最優質的產品。日本何不成爲遠東的法國呢？」

藝術展品中最弱的部分非油畫莫屬，歐式油畫。日本人有充分理由以自己獨有的藝術手法創作油畫。以客觀角度來看，日本追求西方技法的結果，在需要實際處理的畫作上，表現十分平庸無奇。依照西方藝術標準，要畫出理想油畫仍非日本人能力所及。或許他們自己還未打開那扇通向美的大門，以適應這個包含特定民族天分的既有手法，例如油畫。然而，日本目前仍未見如此改變的跡象。

展中有一幅油畫，呈現出一個全裸女子在一面大鏡子前凝視自己，模樣十分令人不悅。儘管該畫是日本藝術家的創作，日本媒體卻要求撤下這幅畫，並發表了不該奉承西方藝術思維的評論。這幅畫縱使相當拙劣，卻大膽地開價三千圓。

爲了觀察群衆的反應，我在此畫前駐足許久。賞畫者絕大多數是農民，他們邊看著畫邊嘲笑，說著輕佻的話語，然後轉而觀賞其他更值得注意的畫作——雖然那些畫作只開價十到五十圓不等。衆人的評論主要都圍繞在「外國」品味的定位（畫中女子梳著一頭歐洲人的髮型），似乎無人認爲這幅是日本畫作。這畫中若是個日本女子，我懷疑民衆是否還會如此寬容。

對這幅畫的所有嘲笑都是合理的。這畫中沒有絲毫可取之處，只不過在描繪一個裸女正做著沒有任何女性希望被他人看見的事。畫中裸女的畫工雖精細，但若藝術純爲理想主義，這幅畫根本難以藝術稱之。這幅畫的現實之處卽是它的冒犯。也許理想中的赤裸是神聖的——那人類想像所及最具神性的超人。然而這裸女畫一點都不神聖。美好的裸露不須腰帶，因爲迷人的線條美感不容遮蔽和破壞。眞實的人體無法呈現出完美的幾何狀態。至此，問題便在於：在能去除人物眞實、及個人痕跡的前提之下，藝術家是否有正當理由爲了裸體而畫出裸體？

有一句佛家諺語明確地說道，能擺脫自我喜好去觀看事物的人便是賢者。眞正的日本藝術正因如此的佛家觀點而偉大。

五

於是我萌生了這些想法：

神聖的裸體、飽含抽象之美的裸體，能讓觀者體驗到既驚又喜的震撼——同時卻又感到哀傷。少有藝術作品能達到如此境界，因爲至臻完美者罕矣。不過，雕工細緻的大理石像和珠寶工藝卻有這種能耐，就像「藝術愛好會」推出的版畫。這些作品越看越有趣，因爲當中的所有線條，或是部分線段，無不更甚過往。所以長久以來，這些藝術品的奧祕都被認爲是超自然的，而事實上，其傳遞的美感更勝於人類——是超出現實生活意義的超人類——也超乎人類感官的超自然。

這又帶來什麼衝擊呢？

那就像在奇妙而宛如初戀經驗後，繼之而來的心理衝擊。柏拉圖將美的衝擊解釋成就像靈魂忽然回想起那神思世界。「那些在此看見另一處的景象或任何類似畫面的人，都會受到猶如雷電般的衝擊，繼而出神。」叔本華解釋道，初戀的衝擊就如同人類靈魂的意志。而今日，史賓塞的正向心理學則認爲，最強大的人類情感，它的首次出現會早於人類所有經驗。這些古今思想——玄學、科學都看法一致，個人對人類之美的第一道深刻情感是普世皆然。

相對的事實難道無法保有那崇高藝術給予的震撼嗎？人類的理想想必表現在能喚起銘刻在觀者情感和生活的所有體悟中，同時表現在無數先人留下的藝術品上。

美的情感一如我們所有的情感，確實是難以計數的過去、難以想像的無數經驗的遺產。在各種審美觀中的情感，都是多如恆河沙數的幽祕記憶，掩埋在腦中不可思議的土壤下，不斷翻攪。每個人的內心都帶著一種美的理想，是我們曾經見過，由外觀、色彩、風姿等已經消亡的感知結合的無限複合體。這種美的理想潛伏著，本質上無法以想像喚醒，但能藉由某些外在感官的潛能點亮。緊接著，伴隨生命、時間潮汐所帶來的急促逆流，感受到一股奇怪、悲傷卻又美好的悸動。隨之而來的，則是含括數百萬年及無數世代感官累積的一瞬情感。

只有一種文明、希臘文明的藝術，能展現出奇蹟，在自身靈魂中徹底擺脫民族性的審美觀，讓玉石雕刻技術更顯強大。他們讓裸體變得神聖，迫使我們像他們那樣感受，感受藝術品的神聖。希臘人能到達這等境界，也許就如美國哲學家愛默生的推測：希臘人擁有所有完美的感官，但這不是因爲他們有如雕像般美麗。沒有任何男女能如此完美。可確定的是，希臘人將無數已逝光彩的記憶，清楚地嵌合在石雕的眼睛和眼瞼、喉嚨及臉頰、嘴巴與下巴、身體至四肢上。

希臘的大理石雕像即是沒有絕對個體的證明——軀幹是細胞的合成物，一如靈魂組成了心智。

六

四月二十一日，京都

近日，全日本帝國宗教建築中最崇高的典範簇新落成。京都這座寺院之都，如今更因這兩座建築更顯富裕，也許千年內都難被超越。一座是帝國政府的贈禮，另一座則是一般庶民對京都的餽贈。

給帝國政府的是大極殿，這是爲了紀念日本第五十一代天皇，及聖都（京都）的開城者桓武而建[7]。該殿中供奉桓武天皇的英靈，是座神社，而且在所有神社中地位最高。然而它未以神社型式建成，而是仿造桓武天皇宮殿。唯有知悉日本仍受祖先支配的人，才理解這跳脫傳統神社形式的偉大建築對國家情感有何影響，以及啟發這影響的情感所含的深刻詩意。大極殿建築本體更爲美麗，即使在這古老的京城，大極殿也熠熠生輝；它用有稜有角的屋頂斜線，向上蒼訴說關於另一個時空的奇妙故事。大極殿最古怪且引人注目之處，在於有五座塔的雙層城門——有人會說，這是名副其實的中國夢。而其用色組成也不比外型遜色，尤其是那綠色古瓦，精巧地覆蓋在光影變化萬千的屋頂上。桓武天皇的英靈或許會對這建築的巫術喚起的思古幽情十足欣喜！

但百姓獻給京都的贈禮可說更爲壯麗，那就是宏偉的東本願寺（眞宗）。西方讀者也許能藉簡介從中認識一二，例如它費時七年、耗資八百萬元建造。任何熟知日本佛寺建築的人都能立刻指出，要建造一座一百二十七英尺高、一百九十二英尺寬、及二十七英尺長的佛寺何其困難。它罕見的外型，加上屋頂的大量曲線，使得東本願寺看起來比實際巨大許多，彷彿聳立的山岳。無論在哪個國家，它都會被視爲一座絕妙的建築。其梁木有四十二英尺長、

7／此即爲京都市內的平安神宮，於一八九五年三月十五日，爲遷都平安京一千一百年紀念所建，外觀仿當時的大極殿。除了祭祀桓武天皇外，也另祀一八六九年東京奠都前的最後一任天皇，孝明天皇。

四英尺厚，木柱直徑寬達九英尺寬。寺內正面護摩壇後方那屏風上的蓮繪等裝潢費用甚至可達萬元。而且這些絕妙的作品皆來自勤苦農民的捐贈。他們將銅器換爲金錢捐出。誰說佛家已死！

當時有超過十萬農民前來參觀落成典禮。無數人坐在大廣場的蓆子上。我看他們一直等著，直到下午三點。廣場簡直是人山人海。不過，落成儀式到傍晚七點才開始；大家沒有用餐，在烈日下一直等著。我在轉角某處看見一群約有二十人的女孩，她們一身白衣，戴著少見的白帽。於是我詢問她們的來歷。一個路人答道：「因爲大家得在這等上好幾個時辰，怕會有人耐不住。所以這群專業的護士在此待命，好照料身體不適的人，同時還備有擔架與搬運人士，現在也有許多醫生在此。」

我敬佩他們的耐心與信念。這些農民或許深愛著這座雄偉的寺院，因爲不論直接或間接，東本願寺都是衆人奉獻而成。築起這棟寺院的動力，大多源於敬愛之情；那巨大的橫梁是從遠方山巓一路拖運至京都，用的正是以信徒妻女的人髮製成的纜繩。其中有一條纜繩正保存在寺院中，長度足足超過三百六十英尺，直徑將近三英吋。

對我而言，這兩座國家宗教情感下的雄偉紀念物，象徵著未來將會因爲那宗教情感的倫理力量、價值，伴隨國家的繁盛而朝前邁進。在佛家觀念中，一時貧困的眞正含意是暫時喪志。但富貴已經開始。某些佛家的外在形式必將消逝；某些神道教的迷信也終將衰亡。然而那重要的認知與眞理，會增強並隨之擴張，深植日本人心中，爲了即將到來且更爲艱難的生活試煉，準備萬全。

七

四月二十三日，神戶

我參觀過兵庫縣某座近海庭園內所舉辦的魚類水產博覽會。這庭園名爲「和樂園」，意喻和平喜樂，而外觀就像昔日的景觀花園，而且名副其實。沿著外圍，你會看見一座大灣、船上的漁人、在日光下閃耀的白色風帆。而在這些景色之外的遠端，有一排紫雲繚繞的美麗山巒，遮蔽著地平線。

我在博覽會中看到許多色彩繽紛、外型有趣的魚兒悠游在一片清澈海水中。我進入水族館，館內有各種奇形怪狀的魚兒在玻璃缸內徜徉——有的像風箏、有的如刀劍、有的倒栽蔥；還有魚兒顏色如蝴蝶羽翅，牠揮動猶如衣袖的魚鰭，宛如舞伎。

我看著各種船隻、漁網、漁鉤、漁籠，以及夜釣專用的燈火等模型。我看著各種捕魚法的圖片、獵鯨情景的模型及圖片。其中有一幅十分駭人——一隻鯨魚困在大網裡，露出垂死的痛苦表情，船隻在血紅泡沫的混沌中跳動，有一名裸身男子正在鯨魚巨大的背上，手持大魚叉刺向鯨魚，伴隨著如噴泉般的血柱……這時，在我身旁，一對父母正對著男童解釋這幅畫。母親說道：

「鯨魚臨死前會向上天祈求協助，同時誦念『南無阿彌陀佛』！」

我隨後前往另一處庭園。那裡有馴鹿、和關在不同籠子裡的「金熊」與孔雀，以及猩猩。大家拿餅狀的食物餵食馴鹿和熊，哄著孔雀開屏，而且惡作劇地捉弄猩猩。我坐在鳥籠邊的陽台上休息時，方才看著捕鯨圖片的家庭也走了過來。我聽見那位男童說道：

「父親，那艘船上有位很老、很老的漁夫。他怎麼不去龍宮找浦島太郎呢？」

那父親答道：「浦島太郎抓到但放生的烏龜並不是眞的烏龜，而是龍王的女兒。所以，他因爲善良，得到龍王賜婚。可是這老漁夫沒抓到烏龜，而且就算他抓到了，他也老到早過了結婚的年紀，所以他沒辦法去龍宮。」

那男童接著看向花叢，望向噴泉，看向白浪拍擊的絢爛海面，以及海面另一頭的紫色山脈，然後大叫：

「父親，那你覺得世界上還有比這更美的景色嗎？」

父親愉快地笑著，看似準備回答。但在他開口前，男童開心地又叫又跳拍著手，因爲這時孔雀突然開了屏。

他們很快地往鳥籠走去，所以我沒聽見那個好問題的答案。

但後來，我想答案可能會是這樣：

「孩子啊，這景色的確十分美麗。可是這世上四處皆是美景。很可能還有比此處更美的庭園。

不過，最迷人的花園不在這個世界，而是極樂西方世界的阿彌陀佛庭園。

那裡有天上尊鳥孔雀，彷彿日輪般開屏，吟唱著七步五力[8]的經文。

那裡有一池玉泉，水面上開著朵朵無名蓮花。花中散發虹光，新生諸佛隨之誕生。

對著蓮花上的靈魂，它們的無垠記憶、無限幻想及喜怒哀樂，泉水細細

8／據說釋迦牟尼誕生時，曾向四方各走七步，並說「天上天下，唯我獨尊。」；五力則代表能斷除一切煩惱的五種力量。

低語。

極樂世界中，神人無異；眾神折腰於阿彌陀佛的榮光前，頌唱『無量壽光佛』。

但天河之音如千人齊唱般永無停歇，誦念著：『此非現實，此非平和！』」

伍

阿彌陀的比丘尼

一

當阿豐的丈夫（他是阿豐的遠房親戚，為愛入贅）被領主召喚入京時，阿豐並不擔心未來。她只感到憂傷。他們倆從新婚起就不曾分離。但她仍有父母相伴，以及更親近的——雖然她絕不會對自己如此坦言——她的稚子。況且她還有許多家事得做，有許多緞布和棉衣要織。

阿豐每天會在固定時間，為離家的丈夫在他最愛的房間裡，細心備妥盛在精緻漆器中的小點，這些小點就像是神桌上祀奉鬼神的供品。這些食物就放在房間東側，前頭還擺著丈夫的坐墊。之所以將小點放在東側，是因為丈夫朝東遠行。之後，在拿走食物前，她總會掀開湯碗上的蓋子，檢查那敷漆的內面是否仍有水蒸氣附著。據說，供品上的碗蓋若有水蒸氣，代表遠行的摯愛仍舊平安。但若沒有，便代表他已死去——這表示他的魂魄已歸來，享用過了供品。日復一日，阿豐每天都看見碗蓋內面有一層厚厚水氣。

兒子是她永遠的慰藉。這孩子三歲大，不停地發問一些就連老天耶也不會知道確切答案的問題。當他想玩耍，阿豐便會放下手邊工作陪他遊戲。當他想靜下來，她就會說起有趣的故事，或是敷衍地回答那些根本無人能理解的問題。神桌及牌位前入夜時會點起小燈，她一字一句地教他有關孝順的經文。待他熟睡後，阿豐便在他床邊工作，看著他沉睡的甜美臉蛋。偶爾他會邊睡邊笑，她知道，那是觀音在夢裡跟他玩，於是，她會對著有求必應的菩

9／如這種祭祀不在身邊的摯愛靈魂之供品，稱爲「影の膳」。「膳」一字也代表用漆器盛裝的食物——漆器上有腳，就像一張小茶几。

薩喃喃誦起佛經。

有時，在晴空萬里的季節，她會背著兒子攀上嵩山[10]。這是一段讓孩子相當開心的路程，不只是因爲那些母親教他欣賞的美景，也因爲周遭的聲音。坡道穿過樹叢及森林，怪石環繞四周；沿途還有暗藏心事的花朵，和精靈住居的樹木。鴿子大聲地咕咕叫著，復又嗷嗷啼哭；知了也在樹上聲鳴唧唧。

所有等待摯愛歸來的人，若能力可及，都會爬上這座嵩山的山頂朝聖。無論在城中何處，都能見到此山，而在嵩山山頂則能俯視數國。山上最高處有一塊幾乎等身、輪廓也神似人形的大石矗立著，大石前方和上方堆疊著小小的卵石，而在一旁則立著一座祀奉昔日公主的小神社。那位公主因爲思念摯愛，一直在山頂盼望對方歸來，最終卻因心力交瘁，化爲石像。百姓因此建了這座神社，在此祈求摯愛早日歸返，而後取走一顆堆在石像旁的卵石。

當摯愛平安返家後，卵石必須放回石像旁，以作爲還願和紀念。

阿豐母子總會在天黑前踏上返家路，薄暮此時會輕柔地罩覆他們。這是一趟緩慢而漫長的路途，往返皆需乘船越過鎮邊的田地。有時繁星和流螢會爲他們照路，有時則是月光，而阿豐會對著月娘輕輕唱起這首出雲童謠：

ののさん，

月亮女士，你幾歲呢？

「十三天——十三又九天。」

那還很小呢，

10／位於島根縣松江市，山頂有布自伎美神社。

原因一定是
為了鮮紅色的和服腰帶，
能好好地打上結，
那條美麗的白色腰帶[11]
在你的屁股上
你會把它送給馬嗎？
「噢，不要，不要！」
那你想把它送給牛嗎？
「噢，不要，不要！」

藍色夜空籠罩在濕潤的水田上，在彷彿土地所發出、猶如氣泡聲的合響

中，蛙鳴此起彼落。阿豐向孩子解釋歌聲的含意：「めかゆい！めかゆい！」（眼睛好癢，該睡覺了。）

這些片段都是快樂的時光。

二

隨後，亙古神祕的生死之司在三天內給了阿豐兩度衝擊。首先，她發現，自己一直默默祝禱的好丈夫再也不會回來了，他已化為塵土。繼而她發現兒子昏死，就連中國大夫都無法喚醒。阿豐遭逢的這兩件事，就如同在黑暗之

11／因為只有兒童能繫上亮色的「帶」。

中唯有透過閃電才能看清的輪廓。閃電來臨前後，大地只是一片無明之闇，那是眾神的慈悲。

當黑暗過去，她打起精神面對名爲「回憶」的敵人。阿豐過去總能對外人保持甜美的微笑表情，然而要到與回憶獨處，她才發現自己沒有那麼堅強。她會在榻榻米上擺著玩具，將兒子的衣物散落四處，看著這些東西說著悄悄話，帶著淡淡微笑。但繼而卻是一陣狂亂的哭嚎。她的頭撞著地板，向天問著愚蠢的問題。

某天，阿豐萌生了一個奇怪的念頭——某位神官能召喚亡魂。難道她連短暫與孩子見上一面都不行嗎？對孩子稚幼的魂魄來說，這會是個麻煩，但他難道不會願意爲了母親承受一下痛苦？答案是肯定的！

「若要召喚亡魂，你得去找某些神官，那些佛家僧人或神道教的神主。他們通曉喚魂咒語，而且你要將亡者牌位一併帶去。

齋戒儀式開始，先在牌位前點燃燭焚香，同時吟唱經文，奉上米飯及鮮花。必須注意，在此須使用生米。當萬事俱備，神官左手會拿起弓一般的樂器，右手快速撥彈，呼喚亡者姓名，大叫『来たぞよ！（我已到來）』。神官叫喊時聲調會逐漸變化，最後變成亡者的聲音——這時他已被附身。

然後亡者會回答你倉皇詢問的問題，但仍持續喊著：『快點！快點！回魂讓我痛苦萬分，因為我只能稍作停留！』亡魂在答畢問題後便會立刻消失，神官也恢復正常。

然而，喚魂並非好事。呼喚祂們會讓情況更糟。亡魂一旦返回冥府，會因此再往下一層。

而且當今法律並不允許這種儀式。喚魂儀式雖曾撫慰人心，但法律禁止堪稱好事，也算公正。因為那當中存有對人心當中的神性的嘲弄感。」

就在某天夜裡，阿豐前去郊外一座孤寺——她跪在愛子牌位前聽著咒語。不久後，神官口中出現一道她再熟悉不過的聲音，那是她最愛的聲音，可是既模糊又稀薄，有如細小的風聲。

而那纖細的聲音對著她喊叫：

「快問，快問，母親！這路上又暗又長，我無法久留。」

她於是顫抖地問道：

「爲什麼我兒會遭遇如此不幸？世上還有天理嗎？」

而他如此回答：

「親愛的母親，別爲我難過！我的死只是爲了讓您不死。過去一年不但痛苦也悲傷——而我聽聞您的來日不長，所以我暗自祈禱，願意代替您受死。

親愛的母親，莫爲我哀泣！爲死者哀悼並不仁慈。通往冥府之路即是淚河，當母親哭泣，使得淚河高漲，亡魂便無法通行，只能流浪徘徊。

因此我不斷爲您祈求著，親愛的母親，切莫悲傷！您只需偶爾給我一些水即可。」

三

從那時起，阿豐再也不哭。她一如往常，輕輕悄悄地善盡爲人子女的孝道。

春去秋來，她的父親有意讓她再嫁，於是對著妻子說道：

「我們的女兒要是再懷個兒子，對她會是件喜事，對我們也是。」

但聰明的母親如此答道：

「她現在也不是不快樂。她不可能再嫁了。她已如同初生赤子，不知任何疾苦或罪惡。」

阿豐確實不知真正的痛苦為何。她開始對細微瑣事展露出怪異的興趣。起初，她發現自己的床太大——也許是因為喪子所致的空蕩感；接著，日復一日，其他東西似乎全變大了——櫥櫃、起居室、壁龕，和置於其中的美麗花瓶——甚至是傢俱。她還希望能像個孩子，用非常小的碗筷吃飯。

阿豐在這些小地方還算受喜愛，但在其他方面就難以親近了。她的父母於是常討商討該如何處理。最後，她的父親說道：

「女兒要是與陌生人同住，想必會痛苦不堪。但我們年事已高，隨時可能離她而去。也許我們該讓她削髮爲尼，或是爲她建座寺廟。」

隔天，母親便問阿豐：

「妳是否願意削髮爲尼？住在一座非常、非常小的寺裡，裡頭有非常小的佛堂，和非常小的佛像。我們也會住在附近。你要是願意，我們還會請僧人教妳佛法。」

阿豐答應了，她要求了一件極小的尼姑裝。母親卻這麼告訴她：

「尼姑也許會希望萬事化小，但唯獨衣裳不然。她必須穿上大件的尼姑裝，這是佛家戒律。」

於是阿豐被說服，穿上與其他尼姑一樣的裝扮。

四

他們爲阿豐建了一座庵寺，就位於某塊空地上。由於過去曾有另名爲阿彌陀佛寺的寺院坐落此處，這座庵寺因此也同樣被稱爲阿彌陀佛寺，供奉阿彌陀如來與其他佛。寺內有一座非常小的佛堂及小佛具。也有放上小本經文的小誦經桌，及小屏風、鐘及掛軸。阿豐在雙親過世後便長居此處，大家都叫她「阿彌陀的比丘尼」。

寺門前不遠處有一尊地藏王佛像。特別的是，這尊地藏王能夠救助病童。佛像前總可見人擺供著小米糕，代表著爲某些病童祈願，而小米糕的數量則代表病童的年紀。米糕通常只有兩、三塊，很少會出現七或十塊。阿彌陀的比丘尼悉心照料著這尊地藏王佛像，日日奉上薰香及園中花朵。有座小庭園就在庵寺後方。

每天早晨化緣結束後，她常坐在一架非常小的織布機前，織著小到無法穿著的衣裳。這些衣裳總被某些明白她背景的商家買下，他們也會回贈她非常小的杯子、花瓶，以及放置在她庭園中那些奇形怪狀的盆栽。

她最大的快樂莫過於有孩童的陪伴，而她身邊也總不缺乏。日本孩子的童年大多都在寺院中度過；而此地許多孩子的快樂時光，也都在這座阿彌陀佛寺中度過。這條街上的母親無不樂意讓孩子來此玩耍，但會警告他們不可嘲笑那位比丘尼。「雖然她有點奇怪，」她們會如此告訴孩子：「但那是因爲她也有過孩子，只可惜過世了。這種痛苦對母親來說實在太沉重，所以你們一定要乖乖的，也要尊重她。」

孩子們的確十分乖巧，但對她的尊重倒是差強人意。他們知多於行，總叫她「比丘尼さん」，親切地向她打招呼，其他時間就只把她當成自己人。他們還會和她玩遊戲，她則用極小的茶杯端茶給他們喝，爲他們做了一堆大小有如豆子的米糕，也爲他們的玩偶編些棉質或絲質的小衣裳。對孩子們來說，她就像是個親姐姐。

孩子們每天都和比丘尼玩耍，直到過了嬉鬧的年紀就不再來此，開始苦悶的工作人生，成爲孩子們的父母，並將自己的孩子送來這兒。孩子們喜愛比丘尼，就像自己的父母過去那樣。比丘尼與那些看到佛寺落成的孩子玩耍，和他們的下一代、下下代，一直持續。

衆人很留心她是不是缺了什麼，儘管她自己都沒察覺。大家提供的物資總多過她的實際所需。她也因此能慷慨地對待孩子們，餵養些小動物。鳥兒在寺裡築巢、在她的手上覓食，竟也明白不可降落在佛像的頭上。

在比丘尼的葬禮過後幾天，有一群孩子來我家拜訪。有個九歲女孩代表大家向我說道：

「先生，我們來這裡是爲了剛過世的比丘尼。有人已經爲她建了一座非常大的墳，那墓碑眞的很雄偉，可是我們還想爲她蓋一座非常非常小的墓，因爲她以前陪我們的時候，常說想要一座非常小的墓。如果我們籌到錢，那個石匠答應會爲我們蓋一座漂亮的小墓碑。所以我們覺得，也許您可以慷慨贊助些什麼。」

「當然沒問題，」我說：「但你們現在就沒地方可以玩耍了。」

她微笑地答道：「我們還是可以在阿彌陀佛寺裡的廣場玩。她就葬在那裡。她會開心地聽著我們嬉鬧的聲音。」

陸

戰後雜感

一

一八九五年五月五日，神戶

難以形容的曙光讓神戶今早浸浴在一片奇景之中。朦朧春日爲穿透雲霧的遠景增添了一種鬼魅般的魔力。雖然輪廓依舊明顯，卻被那不屬於它們的模糊色調給理想化了。而城市後方的高山，則是萬里無雲的絢爛色彩，讓它看起來似乎是蔚藍的魅影，而非蔚藍自身。灰藍色的斜瓦屋頂外，有一個教人驚豔的形體——這景象我不僅前所未見，還讓我十分愉悅。它們繫在十分高聳的竹竿上，漂浮四處——那是巨大、亮眼的紙魚，無論形狀或動作都栩栩如生。

這紙魚大多長約五至十五呎不等，我也同時看見有一隻不到一呎的小紙魚，鉤在一隻較大紙魚的尾端，而懸掛的數量則取決於紙魚大小。有些竹竿會繫上四、五隻，而最大的總會在最上方。這些玩意兒的唯美顏色和外型，會讓不曾見識過的外國人驚訝不已。繫線綁在魚頭，風從張開的魚嘴中灌入，這不只將魚身吹膨成完美的形狀，也讓它隨風擺盪——忽上忽下，又轉又扭，就像隻活魚，而魚尾、魚鰭擺動的模樣也活靈活現。我鄰居的花園裡就有兩個很好的例子，一隻是橘色魚肚和灰藍魚背，另一隻則通體呈現銀色。兩隻都帶有模樣古怪的大眼睛。紙魚搖動時就像是悠游天際，沙沙聲響也猶如微風穿過蔗田發出的天籟。我在稍遠處看見另一隻碩大無比的紙魚，上頭有一個紅膚男孩騎在魚背上的圖案。那紅膚男孩代表「金時」，是日本傳說中最強壯的小孩[12]——金時還在襁褓時便能與熊搏鬥，還用陷阱捉到怪鳥。

大家都知道，這些紙鯉魚只會在五月的兒童節期間掛上。懸掛鯉魚旗表示家中有男丁誕生，而且期望愛子能克服所有困難，邁向成功——就像眞正的鯉魚、偉大的日本鯉那樣逆流而上。但在日本西南部許多地方，你幾乎看不到這些紙鯉魚，反而會看到用細長的棉布製成的旗子，稱爲「幟」。幟就像船帆，垂直地與小圓杆、鈴鐺綁在竹竿上，並以各種顏色繪上圖案，像是逆流而上的鯉魚，伏妖降魔的鍾馗，或是松木、烏龜等其他吉祥物。

二

然而，在日本皇紀二五五五年[13]的春雷之下，鯉魚旗或許已被用來象徵比父母的期望更宏大的事物，一種因戰勝而再生的偉大抱負。帝國的軍事復興，新日本的發祥，始於對中國的征戰。戰爭結束後，未來仍烏雲密布，卻似乎仍大有可爲，雖然前方有障礙阻隔更偉大、更永續的偉業前進，日本依然毫無恐懼和遲疑。

或許，未來的危險正暗藏在日本無邊的自信當中。這不是從戰勝中獲得的新感受，而是源自民族情感，它不斷求勝只爲了變得更強大。日本從宣戰之初就對獲勝沒有一絲懷疑。雖然日本人有深切一致的熱情，但卻未顯露情

12／金時：幼名「金太郎」，是個傳說中擁有怪力的兒童，最爲人熟知的形象是穿著紅色的菱形肚兜，肩挑大斧騎在熊背上。

13／即西元一八九五年。日本皇紀是日本獨有的紀年體，從第一代天皇神武天皇即位元年起算，比西元紀年早六百六十年，二戰後較少人使用。

感刺激的外在跡象。大家開始寫下日本凱旋的故事，以周刊或月刊的形式發表，當中穿插平版印刷的圖片或版畫，而且早在國外專家大膽預測戰局之前，就已發行遍及全國各地。日本始終相信自己的力量，也肯定中國絕對無力招架。玩具商突然推出許多小巧的玩具兵，象徵潰逃的中國軍隊、遭日軍斬首的中國軍隊、被俘虜的中國軍隊，或在日本名將前跪地求饒的中國軍隊等。而武士模樣、穿著盔甲的舊式玩具兵，已被黏土、木頭、紙紮或絹製的各種日本騎兵、步兵，或砲兵、要塞、砲台模型和戰士所取代。有一組玩具主題即是熊本軍旅攻打旅順的過程，另有異曲同工之妙的一組則重現松島艦與中國軍艦的海戰場景。其他還有許多類似的玩具，像是靠壓縮空氣射出軟木的玩具槍、大量的玩具劍、小喇叭，以及持續吹奏的管樂聲，這些都讓我想起在紐奧良的某次跨年。日本每一次的勝戰告捷，都帶動彩色印刷物大量銷售，卽使那些東西印製粗糙，而且只是畫家的想像，仍能喚起民衆的自負心。精美的將棋也是其中一種，雙方分別代表中日官兵。

劇場界同時也爲了頌揚戰爭，推出一系列完整的劇作。每一場戰役都被搬上舞台，毫不誇張。演員們甚至會爲了鑽研場面和背景，親身造訪戰場——在滿洲軍隊的艱困經驗，再加上舞台人造雪的技術，使得演員能身歷其境地投入演出。每次的戰功都會以最快速度大幅報導。喇叭手白神源次郎[14]之死；原田重吉的剛勇攀過城牆，爲戰友打開城門；十四騎兵對抗三百步兵的武勇；奇襲手無寸鐵的中國軍隊——諸如此類的功績一再於上千處舞台上重

14／在成歡之戰，名爲白神源次郎的一名日本喇叭手奉令吹起「進攻」的樂曲。他吹奏時，子彈穿過他的肺使他倒地。他的長官看他傷及要害，便試圖取走喇叭。但他奮力拿回，並仍用盡氣力吹奏進攻樂曲，最後爲國捐軀。

現。無數的紙燈籠上，也映照著忠君愛國、歡慶帝國軍隊告捷，或欣送士兵搭上火車勇赴沙場等字句。在輸送列車持續經過的神戶，如此的輝煌景象夜復一夜地持續好幾個星期，每條街巷的居民更是爭相認購國旗，或捐款建造凱旋門。

戰爭的榮光也透過日本各種重要產業，以更悠久的方式頌揚著。勝利與慷慨成仁的事蹟在瓷器、金屬製品及織物上受到紀念，更別說信封、筆記本的新樣式。它們被描繪在絲綢羽織、縮緬的女用手巾、腰封的刺繡、長襦袢或孩童的晴著[15]——更別說像是印花布、毛巾等較便宜的織品了。日本的戰績也印在許多種類的漆製品、雕刻器物的表面及側面，在菸草袋、在袖扣、在髮簪、在女性的梳子，甚至是筷子上。促銷中的小盒裝牙籤，根根都微雕著有關戰爭的不同詩句。直到媾和[16]時期前——或說在調停時一位壯士[17]曾謀殺中國全權代表之前[18]，萬事皆一如民眾所預期。

但一到終戰演說發表的時刻，俄國因爲有了法德兩國的協助，轉而加入威嚇日本的行列[19]。日本毫不抵抗，政府出乎意料地讓步，使出以柔克剛和暗藏玄機的招數。日本早已不再擔憂自己的軍事力量。他們保留的實力或許比外界認知的還大上許多，日本的教育體系與兩萬六千所學校，是一具巨大

15／羽織是一種男女皆可穿的高級衣裳，內裡通常有無比精美的圖案；縮緬爲一種品質參差不齊的黑紗，有的十分高貴且耐用；長襦袢爲和服的一種，通常以連身形式穿著；晴著通常是正式場合穿著的外出和服。

16／媾和：指交戰雙方達成和議，停止戰爭。

17／壯士：爲一政治詞彙，指的是參與政治、以暴力行動爲生的年輕人。政客會爲了除去反對黨，或在選舉時威嚇對手而雇用他們，是十九世紀末日本社會問題之一。

18／指一八九五年《馬關條約》談判時，一名日本右翼團體神刀館成員小山六之助企圖開槍暗殺中國代表李鴻章，但未擊中要害。

19／此指一八九五年四月二十三日的「三國干涉還遼」事件。

的培訓機器。只要在自己的土地上，日本能抵抗任何外國勢力。日本的弱點在於海軍，他們也非常明白。他們只有精銳的小型輕裝巡洋艦隊，由一群傑出人才操控。他們的海軍雖然不僅未失一役，甚至在兩次交戰中徹底擊潰中國艦隊，卻仍不足以抵抗歐洲三大強國的聯合海軍，更何況日本的精銳陸軍正遠在海的另一端。俄國早就狡猾地選定最適合的介入時機，盤算的甚至比介入的還要深入。俄國的大型戰艦已集結妥準備應戰。他們的強大程度可能更勝日本艦隊；因此，日本若想得勝必然要付出高昂代價。然而俄國的計謀，卻突然被英國對日本表達的微妙支持所阻礙[20]。就在幾周內，英國巡洋艦隊來到亞洲海洋，那是在一場小戰役內便能擊潰對手的艦隊。俄國巡洋艦只要發射一枚砲彈，世界就會陷入大戰。

對日本海軍而言，他們積極渴望與三國聯軍大戰一場。那會是一場激戰，因爲沒有任何日本軍官願意退讓，也沒有任何日本軍艦會豎起白旗。日本陸軍同樣渴望一戰。這全國規模的衝動需要動員所有政府力量來遏止。自由言論因而被禁止，輿論也被迫噤聲。清朝除了先前的戰爭補償金，還需要另付贖金以換回遼東半島，這也確保了此處的和平狀態。日本政府確實運用了絕頂智慧來執行這些政策。日本與俄國這一段代價高昂的戰爭時期，竟造成工業、商業及財政上最慘烈的災難。國民的自尊心被深深傷害，幾乎舉國都無法原諒其統治者。

20／俄國當時曾企圖拉攏英國以爭奪北方領土，但英國因《馬關條約》對自身有利，而且也能要求清朝加開通商口岸，而與美國共同在此事件保持中立。

三

五月十五日，神戶

從中國返航的松島艦停泊在和樂園之前。這艘船艦的船體不大，卻功績彪炳，若在清澄的光線下，看來肯定相當令人畏懼，有如柔亮海面上浮現出一座石灰色的鋼鐵堡壘。

獲許登艦參觀的民眾都相當開心，盛裝就像是前來參加祭典，而我也間接得以加入登艦行列。當我們抵達現場時，裝甲艦旁擠滿了人群，好似所有港邊的船隻都是爲了接送觀光客。但因爲空間有限，無法一次讓那麼多人登艦參觀，我們得在數百人的往返中持續等待。卽使在冷冽海風中等待並不好受，但眾人期待的喜悅景象卻也值得欣賞。輪到我們時，大家真是蜂擁上前！人群又多又塞又擠！有兩名女子還因此落海。她們被水手救起後，還說自己並不覺得有被虧欠，因爲現在能炫耀自己還欠松島艦的水手一命！不過，實情卻是現場有許多船夫看著，她們根本不太可能會溺死。

相較於這兩位女子的性命，對國家更重要、也有所虧欠的是松島艦上的官兵。而大家也試圖以愛回報，成千民眾想贈予官兵禮物，但法令卻禁止這種餽贈行爲。艦上軍官和士兵想必相當疲累，但對於想一探究竟、簇擁而來的人潮，仍保持迷人的親切態度。所有船艦的細節都被一一展示、導覽，包含三十公分長、具裝填設備及瞄準器的大砲，可快速射擊的砲塔，魚雷及發射管，探照燈及探測裝置。雖然我來自異國，需要特別許可才能參觀船身，但我仍有幸獲許進入艦長室，一窺天皇肖像，聽著鴨綠江之戰的精彩故事。

同時，待在港邊的禿頭老翁、婦人及孩童也擁有松島艦一日遊的美好時光。軍官、軍校生、水手都不遺餘力地取悅大衆。有些與長者聊天，有些則讓孩子們把玩他們的劍柄，或教導孩子如何高舉雙手，高喊「帝國萬歲！」。至於疲憊的母親們則發送墊子，讓大家能在甲板間的遮蔽下歇息。

就在幾個月前，那些甲板上曾流有勇士的鮮血。艦上依然隨處可見無法抹除的黑色斑漬，大家以溫柔的崇敬之心看待這些血跡。這座指揮艦曾兩度遭巨砲擊中，而無裝甲的脆弱部分也曾被槍林彈雨射穿。它曾經歷猛烈交戰，失去近半數的船員。它只有四千兩百八十噸，而中國的船艦卻有七千四百噸。松島艦的外殼裝甲沒有深陷的疤痕，因爲損壞的鋼板已經換新。但導覽者驕傲地一一指出位於甲板上、支撐砲塔的鐵桿，和煙囱上的無數補丁，以及砲塔一尺厚的鋼板上那驚人的凹陷，上頭有著放射狀的裂痕。他帶著我們往下走，走向那曾擊穿船身、三十點五公分長的砲彈。

「當它擊中時，」導覽者告訴我們：「衝擊力甚至把人撞飛到空中（他把手舉到大約離甲板兩尺高的地方）。四周頓時一片黑暗，伸手不見五指。接著我們看見右舷有一座被打得粉碎的砲塔，沒有活口。有四十位士兵當場喪生，許多人受傷，附近的人無一倖免。槍砲齊發使得甲板陷入火海，所以我軍必須同時反擊和滅火。卽使臉手都被炸得皮開肉綻，身受重傷的弟兄都彷若毫髮無傷似的繼續應戰，其他弟兄則幫忙傳水救火。但我們用大砲對鎮遠號發出致命一擊。當時中國有歐洲砲手幫忙。如果我們不必對抗歐洲砲手，要得勝簡直易如反掌。」

他說得對。在這耀眼的春日，沒什麼比清除雜物，或將蘇聯的大裝甲巡洋艦驅除出海的命令，更能讓松島艦上的弟兄備感振奮。

四

六月九日，神戶

去年從下關旅行至神戶時，我看見許多穿著白色制服的聯隊正踏上征途，爲的是那尚未結束的戰爭。那些軍人看起來與我過去的學生十分相像（他們確實是數以千計甫畢業的學生），如此年紀就要上沙場，這讓我不禁覺得十分殘忍。那稚氣未脫的臉龐何其純眞，何其愉悅，看似對人生更大的痛苦一無所知！「別爲他們擔心，他們將展現輝煌的戰績。」一個同行的英國旅人如此說道，他曾在英軍服役。「我知道，」我如此回答：「但我認爲酷熱、嚴寒，加上滿洲的凜冬，這些都比中國的來福槍更可怕。」[21]

號角聲象徵天黑後的集合，或指示休息的時刻，這是多年來我在日本軍團所在地的夏夜印象。然而在戰時，那些又長又悲的音韻卻帶給我另一番感受。我不清楚當中是否有特別的旋律，但那時我總認爲吹奏聲中帶有特殊情感。當軍團裡所有的號角同時響起，直達星空，無盡的音色聽來竟有種憂鬱之美，令聞者難以忘懷。我也曾夢過號手的幽魂，吹奏召喚年輕力壯的亡者，走向靜謐寂寥的安息之處。

21／實際戰死的日本人總數，從牙山之役〔譯注：甲午戰爭第一場戰役〕至占領澎湖群島，只有七百三十九人。但其他原因導致的死亡，至六月八日爲止，光是占領台灣時就犧牲三千一百四十八人。當然，其中有一千六百零二人是死於霍亂。這些陣亡名單都公布於《神戶大事紀》中。

不過我今天所見的，是部分軍團的歸來。街道上豎著綠色拱門讓軍隊通行，他們從神戶走到湊川神社——這是為了祭祀武神楠木正成的英靈而建的神社——民眾集資六千圓，提供將士們光榮凱旋後的第一餐。官兵們紛紛在寺院裡用餐，為此所搭建的棚子裝飾著旗幟和花綵。所有人都有禮物——甜食、捲菸草、印有尚武詩句的小毛巾。寺院門前更豎起一道雄偉的凱旋門，門的正反兩面皆用金色漢字寫上歡迎詞句，頂端則有一顆地球，一隻展翅雄鷹立於其上[22]。

起初，我與萬右衛門在那寺院旁的車站前等候。列車接著抵達，哨兵命令所有旁觀者離開月台到外頭的街上，警察也隔開人群、管制交通。幾分鐘後，軍團以一般縱隊在磚道上行進；為首的是將官，他叼著菸，略微跛腳。周圍的人群越來越擁擠，卻沒有歡呼聲，所有人甚至不發一語，只有整齊畫一的行軍踏步聲打破寂靜。

我幾乎不敢相信眼前這群官兵正是當初我目送他們出征的同一群人，只有肩章上的數字能讓我肯定。他們曬傷的臉龐令人望之生畏，許多人還留著一口大鬍子。深藍色的冬季軍服破爛不堪，軍靴已潰不成形。但有力而抖擻的步伐正是這些堅毅軍人的足跡。他們如今已不再是男孩，而是能面對世上任何軍隊的堅強男人，是曾殺敵猛攻的男人，是歷經許多困境的男人。這支隊伍既未展現喜悅，也無驕傲之情。四處尋覓的眼神幾乎都在注視歡迎的旗幟、裝飾，以及那地球上有展翅戰鷹佇立的凱旋門。那些眼睛也許已習慣看

22／一八九四年九月十七日的大海戰中，日本巡洋艦高千穗的船桅上曾停著一隻老鷹，艦上弟兄於將之收留，照顧多時後，將這隻祥鷹獻給明治天皇。鷹狩是日本封建時期的一項運動，老鷹也因此受到良好訓練。日本文化中賦予老鷹勝利的象徵，今日依舊不衰。

見讓他們緊繃的事物（其中只有一位在經過時微笑。這讓我回想起自己還是個孩子時，看著非洲遠征軍歸國，一位佐阿夫兵〔Zouave〕[23]的微笑，一種帶著攻擊性的輕蔑笑容）。許多旁觀者意識到他們的轉變，明顯地為之動容。也正是如此，今日這些軍人才更加優秀；他們正接受歡迎、慰藉、贈禮，及民眾的溫暖愛意，最後才在他們熟悉的舊軍營裡休息。

我對萬右衛門說：「他們今晚會在大阪及名古屋。他們會聽見號角響起，回想起再也無法返鄉的那些弟兄。」

老人單純而誠摯地答道：「也許對西方人來說是，他們無法起死回生，但我們不這麼認為。日本人死後都會歸來，人人都知道方法。無論從中國、朝鮮，或從海底，所有日本亡者均已歸來，所有的亡者！他們如今與我們同在。在每個薄暮時分，他們都會聚集在一起，聽著叫喚他們返家的號角聲。

就在天皇大軍召集抗俄的那天，他們也曾經聽見同樣的號角聲。」

23／法國輕步兵，原由阿爾及利亞人組成。

柒

阿春

阿春是接受傳統教導女子溫柔婉約行止的教養長大的。這種家庭教育能培養出單純的內心、渾然天成的優雅舉止、三從四德，以及日本獨有的忠誠之愛。如此倫理對舊時日本之外的其他社會而言，無疑太過文雅美麗，也無益於新社會中更困頓的生活，然而這樣的舊觀念依然存在。文雅的女子被訓練成有義務接受丈夫支配，她被教導絕不可顯露出嫉妒、悲痛或憤怒情緒，即使情緒瀕臨爆發，她仍被期待應藉由純粹的溫柔婉約克服丈夫的過錯。簡言之，她必須是位超人，至少在表面上應如此，且相信絕對無私的理想。這樣的女子能在與丈夫相對的身分上做到這幾點，且善於察言觀色，察覺自己的情緒感受，從不讓這些情緒受傷。

阿春出身較丈夫好些。對他而言，這樁婚事算是高攀，他對阿春確實不太了解。倆人成婚時相當年輕，起初一貧如洗，因爲阿春的丈夫善於經商，家境後來才逐漸好轉。以前家境不好時他反而最愛她，有時阿春總如此思量。在這種事情上，女人的判斷很少有錯。

阿春依然爲他織衣，他也誇讚她的手巧。她迎接丈夫返家，伺候他更衣，讓他在美麗的家中安然無憂；她殷勤招待丈夫的友人，精打細算打點家中一切，也很少要求需花錢的禮物。阿春確實無須要求金錢上的回報，因爲丈夫從不吝嗇，而且喜歡她打裝扮優美，好似某些美麗的銀色飛蛾，被翅膀裹著。他帶她去看戲、或是去其他的娛樂場所。她陪他前往春櫻滿開、夏夜螢舞，或秋葉深紅的名所。有時兩人會在舞子的海岸共度一天，四周圍繞著如舞妓般搖曳的松樹；或在清水古夏屋度過午後時光，四周宛若五百年前的一場幻夢——那裡還可見高木之蔭，從洞中湧出冷冽、清澈的潺潺水流，以及以古老奏法輕聲吹奏卻看不見笛子的悲傷樂音——那迷人的音色融合了靜謐及悲戚，一如夕陽西下時輝映藍天的金色光彩。

除了因爲這些小小的出遊樂事，阿春很少出門。她和丈夫僅有的親戚都在遙遠的他鄉，而她也只拜訪過寥寥幾回。況且，她也喜歡待在家，插點花祭祖拜神，妝點房間，餵餵園中池塘的金魚。牠們一見阿春到來，就會從水中仰起頭。

膝下無子讓阿春心中悲喜交雜。雖然頂著身爲人妻者的髮型，她仍是相當年輕的少女模樣，保有赤子之心——儘管丈夫相當佩服她處理小事的智慧，也常放下身段與她商討大事。或許智慧的心靈比美麗的髮型更能幫助他做出判斷，無論是否出自直覺，阿春的建議從沒出錯。她在他身旁，度過了五年的快樂時光，那時的他就像任何年輕的日本商人一般體貼，溫柔善待比自己更優秀的妻子。

然而，丈夫突然變得冷漠，何其突然。這讓阿春意識到，箇中原因並非膝下無子的妻子所能擔心的。因爲不知丈夫冷漠的確切原因，她試著說服自己是她必定有所疏失。阿春捫心自問，加倍努力地討好他，但他依舊無動於衷。他出口便無好話，雖然她明白，丈夫沉默的另一面便是壓抑。階級較高的日本人不太會對妻子說粗魯的話，這被認爲是無禮、野蠻的行爲。一般受過教育的人甚至會以敬語回應妻子的批評。根據日本習俗，禮節上應表現這種態度，而陽剛的男性更應如此。況且這也是唯一安全的態度。優雅而敏感的女子不會長久遷就粗魯的行爲；個性極端一點的甚至會自盡，好讓丈夫餘生蒙羞。但是，遠比言語更安全、但也更折磨人的，是忽視與冷淡，這容易激起妒心。日本妻子確實被訓練成絕不展現嫉妒，然而嫉妒這情緒卻比所有的訓練更古老，一如情愛和欲求永生。在看似冷靜的面具底下，日本妻子一如西方妻子，不斷地祈禱，再祈禱，希望脫離痛苦的時光就快到來，即便某些夜裡，他正在外享受燈紅酒綠。

阿春自有她嫉妒的理由。她太過孩子氣，無法馬上推斷出原因；而家中僕人也因爲太尊敬她，無法提供任何建議。無論在家中或其他地方，她的丈夫已經習慣沒有妻子陪伴的夜晚。他夜復一夜地獨自出門，起初會以談生意爲藉口，之後就不再多說，甚至不告訴她預計返家的時間。最近他也開始對她冷戰。他早已變了一個人──「就像是被惡魔附身。」僕人這麼說。事實上，他早已掉入精巧的陷阱裡。藝妓的輕聲呢喃麻木了他的心靈，笑顏蒙蔽了他的雙眼。雖然那藝伎貌美遠不如家中妻子，但她相當擅長織網，一道魅惑感官的網，誘捕意志不堅的男人。那道網總是越纏越緊，直至一切告終時的無助和崩壞。阿春對此一無所知。她擔憂得沒錯，丈夫越來越常出現難以解釋的行爲，後來，她甚至發現他的錢轉進了別人口袋。他從不告訴她晚上去了哪裡，她也不敢問，免得他認爲自己起了妒心。與其用言語透露心情，她反而對他加倍溫柔，以爲如此就能讓聰明的丈夫有所察覺。然而他除了經商，再無其他天分。他依舊在夜晚離家，他的良心愈發遲鈍，也越來越不在乎這個家。阿春曾被教導，賢妻應該永遠坐等丈夫夜歸，這卻讓她飽受精神折磨和暴躁導致的失眠之苦，甚至苦於僕人下班後家中只剩她一人枯等的空虛感。只有那麼一次，遲遲而歸的丈夫對她說：「很抱歉讓妳坐在這兒等到這麼晚。別再這樣等我了！」阿春因爲擔心他或許眞的爲此所苦，所以她欣然笑道：「我不睏，也不累，請您不需擔心我。」於是，他果眞不再擔心，欣然地不再擔心，正如她所說。不久後，他便徹夜未歸。隔夜如此，之後亦然。到了第三晚未歸，隔日也未返家用早餐，阿春此時明白時候已到。身爲妻子，她不得不開口了。

等了一早上，她擔心丈夫，也擔心自己。最後，她才終於意識到那能讓女性內心遍體鱗傷的事情。忠實的僕人告訴她一些事，接下來的她已心知肚明。她這時相當虛弱，但自己卻不這麼認爲。阿春只知道自己的憤怒，自私的憤怒，因爲這帶來殘忍、尖銳又病態的痛楚。一直到中午，她坐著思考該如何用最不「自私」的方式，道出眼下該說的話語。但她腦中浮現的第一句話，卻是從來沒說過的責備之詞。緊接著，她的心猛地發顫，眼前一陣模糊，腦袋暈眩。這時，一陣車聲傳來——僕人喊著「主人歸來！」。

阿春在玄關踱步，顫抖的纖細身體正發熱得痛苦，而且她害怕洩露出心事。返家的丈夫嚇了一跳，因爲迎接他的並非慣常的微笑，而是她那顫抖的小手正抓住他絲袍的衣襟。阿春直視他的雙眼，似乎想找到當中僅存的靈魂。

接著她試圖說點什麼，卻只能勉強吐出「親愛的？」而幾乎同時，她鬆開緊握住的虛弱小手，帶著古怪的微笑閉上雙眼，甚至就在丈夫撐住她之前就倒了下來。他試著抬起她，然而她的心脈已斷。阿春死了。

當然，他震驚不已，徒勞地哭著叫喚她，隨後飛奔衝向醫院。但她慘白如冰，靜止而美麗，臉上所有痛楚及憤怒已然消失，僅存一抹微笑，一如倆人婚禮那時。

兩位軍醫從公立醫院趕過來。他們露骨地質問，那問題單刀直入，深達內心。他們告訴他實情，而那事實有如鋼鐵般冷峻鋒利。最後軍醫離開，只留下他與亡妻。

大家相當好奇他竟未出家，因爲他的良心顯然已被喚醒。他白天坐在販售京都絹織物和大阪形染物的店裡，態度熱絡，但不發一語。他從不惡言相向，員工都認爲他是個好老闆。他時常入夜後還埋首工作，也已經搬了家，過去和阿春同住的居所，如今已租給陌生人，而眞正的屋主已不再造訪。也許，那是因爲他會瞧見那縷纖細幽魂仍插著花，在金魚池畔摘下鳶尾花。無論他身處何處，在某些靜謐時刻，他必會瞧見枕邊有個無聲人影，似乎正溫柔地織著他曾用來背叛妻子的美麗袍子。其他時候，在他忙碌人生中最無暇的時分，店裡的喧嘩聲會突然消散，帳本裡的數字變得模糊，而那道就連老天也不願使之沉默的悲戚細聲，會像是對他孤寂內心的質問，只單單說出三個字：「親愛的？」

捌

趨勢一瞥

一

通商港口的外人居留地[24]與所在的遠東形成強烈對比。整齊卻醜陋的街道上，我們可以發現另外半個世界的痕跡。好似西方世界的片段神奇地飄洋而來——利物浦、馬賽、紐約、紐奧良，還有些遠方的熱帶殖民城市。與黯淡的日本商店相比，商業大樓顯得無邊無際，似乎述說著財力的威脅。而所有想像中的房舍樣貌（從印度式平房到有著塔樓、圓肚窗的英法鄉村小屋）皆圍繞著修剪整齊的灌木庭園；白色公路相當堅實，平坦得像是桌子，路的兩旁種著行道樹。

幾乎所有英美的傳統玩意兒都來到了這個地區。你會看見教堂尖塔、工廠煙囪、電線桿及行道路燈；你也會看見有著鐵製百葉窗的進口紅磚倉庫，有著平面玻璃窗的商店門面，或有著鑄鐵欄杆的人行步道。那裡有自已的早報、晚報及周刊，俱樂部、圖書館及保齡球館，撞球室及酒吧，學校及禮拜堂。那裡有電燈及電信公司，醫院、法院、監獄及外國警察。那裡有外國律師、醫生及藥商、外國雜貨商、糕點師傅、烘焙師傅、酪農、外國服裝設計師及裁縫師、外國教師及音樂教師。那裡有公會堂，供舉辦市政活動或各種公共聚會，也可演出業餘戲劇、講演或音樂會；還有某些戲劇團體在世界巡迴時，會偶然經過此地。讓男人大笑，讓女人流淚，就像平常那樣。那裡有鬥蟋蟀場、賽馬場、公園，或者英國所謂的「廣場」、遊艇協會、運動協會，

24／在此指的是現今神戶舊居留地，成立於一八六八年，當時此處禁止日本人居住，且擁有管轄權及治外法權。後於一八九九年廢止。

及游泳池。熟悉的喧鬧聲中，有不息的鋼琴練習曲、市立樂團的鳴奏，偶爾還有手風琴聲：事實上，我們唯獨聽不到管風琴。那裡的住民來自英國、法國、德國、美國、丹麥、瑞典、瑞士、俄國，還有少數義大利及黎凡特人。我差點忘了還有中國人。他們群聚而居，自成一塊區域。但此處仍以英國人和美國人爲主，尤其是英國人。

在這個地方，比海外更能看清楚這些主流種族的優缺點。因爲大家在這小小的社會，能掌握彼此的習性，因而能形容它是遠東遼闊的神祕地帶中的一座綠洲。不値一提的醜事會被傳開，崇高又慷慨的好事亦同——不過是由披著羊皮的狼、道貌岸然的僞君子所做的英勇善行。

然而外國人領地並未大大擴張，甚至可能再次縮減至昔日的荒蕪。原因容我後述。居留地發展過快，如美國西部的「蘑菇城」（mushroon cities），在人潮聚集後，就迅速達到發展極限。

居留地周圍及更遠處——真正的日本城市，則一一延伸至西方人不甚了解的區域。對居留地居民來說，那日本城市依舊是個神祕世界。也許他不覺得這地方值得待上十年。就算他只是個商人，而非研究當地風俗的學生，他仍對此地毫無興趣。更何況他根本無暇思考。光是要他跨過居留地的邊界，就像叫他橫越太平洋——卻還比不上種族間的鴻溝。若獨自進入日本街道中的狹窄迷宮，會被狗吠，孩子們還會直瞪著你，彷彿你是他們唯一見過的外國人。甚至他們可能會在你背後喊著「異人」、「唐人」或「毛唐人」（意指多毛的外國人），總之絕非讚美之詞。

二

長期以來，居留地的商人都我行我素，強迫日本商會遵守就連西方商人都不想遵從的條件，這表示所有外國人都認爲日本人是騙子。所以必須得經過外國商人測試、再測試，等到筋疲力盡地測試夠了之後，外國消費者才能買到日本商品，或接受任何的進口，而且事先還必須收取「訂金」。日本人雖然有抗議過，但他們發現自己不得不妥協。他們等待時機，帶著戰勝的決心遷就著。居留地的擴張極其快速，鉅額資本順利地投入，讓日本人明白在成功前還有不少東西要學。他們求知卻不帶羨慕；雖然與外國人交易或爲他們工作，卻在心底偷偷憎恨他們。

在古代日本，商人的地位低於一般農民。但這些外國侵略者以王者的姿態、征服者的傲慢自居。若身爲老闆，他們相當嚴厲，甚而苛刻。他們精於賺錢之道。他們過得像國王，願意付出高薪。年輕人都渴望能在他們底下忍辱負重，只爲了學得一技之長，好讓日本不被外人統治。有朝一日，日本會擁有自己的商船、外國銀行及外國信貸，並使自己擺脫這些傲慢的異鄉人。同時他們也將成爲典範。

總而言之，進出口貿易仍全權掌握在外國人手中。從零成長至數百萬。日本則受到嚴重剝削。他們明白自己能做的，唯有付出心力學習，並隱忍著這些傷害。然而契機有其注定。找尋商機的外國人蜂擁而至，給了日本第一次優勢。日本的貿易競爭打破了舊有條件；新商會也願意冒著不收訂金的風險，不再收取高額的預付金。這時外商和日商的關係已經改善，日商展現出團結一致對抗欺辱的豐沛能量。他們不害怕槍枝恐嚇，不接受任何辱罵，懂得對付那些險惡的無賴。就連港口的日本工人、社會的低下階層，都採取了最不容挑釁的攻勢。

在居留地建設後的二十年間，那些曾想像占據整個日本只是時間問題的外國人，會開始發現自己嚴重低估了大和民族的能耐。日本人學習相當快，和中國人一樣。小型外國店主正被取代，與日本人的競爭讓各種商號關門大吉。大型行號能輕鬆獲利的時代也結束了，辛勤工作之時節正來到。早期外國人的生活必需品只由外國人供應，於是大型零售貿易可在批發貿易的庇蔭下成長。但居留地的零售貿易顯然氣數已盡。某些分店消失了，其餘的也逐漸式微。

工資低廉的外國商館員工及助理，如今無法負擔日本飯店的費用。每個月，他只能以微薄費用找來一個日本廚師，或從日本餐館買回每盤五至七錢的菜餚回家享用。他住在日本人的「半洋風」房舍。家中地板上，地毯或墊子皆爲日本製。傢俱也是由日本櫥櫃製造商供應。他的西裝、襯衫、皮鞋、枴杖、雨傘皆爲「日本製」，甚至洗手槽上的肥皂也都印上日本圖樣。若他是位癮君子，與日本菸商購買馬尼拉菸草，將比向外國菸商購買品質相同的菸草，每盒便宜五錢。如果要買書，他可以從日本書商獲得更便宜的價格，而且有更多更好的選擇。如果想拍照，他也可以去日本相館——沒有外國攝影師能在日本以拍照爲生。如果要買日本古董，他可以參觀日本藝廊，因爲外國畫商會要求他預付高昂的費用。

另一方面，如果他有自己的家庭，日常採購也會由日本肉販、魚商、酪農、果農、菜販供應。他當然可以繼續向外國食品商採買英美的火腿、培根、罐頭食物等等，但他會馬上發現，日本商店已經用更低廉的價格，提供同樣品質的食物。如果他愛優質的啤酒，那可能是日本釀酒廠製造的；如果他喜歡葡萄酒或其他酒品，日本店家的價格比外國進口商更優惠。實際上，他唯一不能向日本商人買到的，只有那些他負擔不起的物品，令有錢人動心的奢侈品。而最後要是家人生病，他可以帶去日本醫院看病，且只需負擔從前在外國醫院的十分之一。如今外國醫生將自覺難以生存，除非有可以維生的第二專長。就算外國醫生把費用降低至一圓，也敵不過醫術精湛卻要價二圓的日本醫生。這是因爲日本醫生自行配藥成本之低廉，足以讓外國藥師破產。全世界當然有各種醫生，但是，能說德文又能掌管公立醫院、軍醫院的日本醫生很難在其領域被超越。一般外國醫生根本無法與之競爭。他無須開立處方箋才能至藥局領藥——他的藥局若不是在家，就是在他服務的醫院中。

這些隨意舉出的事例，暗示著這些外國店家，或美國所謂的「stores」，很快就會消失殆盡。能繼續生存的店家，也許會用些愚蠢而不必要的小手段，來對付精明的日本商人，把劣質的產品填入外國包裝的容器，再混入進口貨物企圖魚目混珠；又或者盜用商標，來換得短暫的苟延殘喘。一般而言，日本人的經商之道和那些奸商恰巧相反，令不肖分子馬上意識到自己的卑鄙。日本店家能童叟無欺地販賣外國商品，因爲他們不需仰賴它們生活，也不求在競爭中獲利。

這些情況已經在居留地內發生了一段時間。但大型進出口商的妄想依舊執迷不悟，他們仍掌控所有與西方交易的商業市場。尚無能與外國資本勢力相抗衡的日本商會，或者採用西方模式的佼佼者。零售貿易必然失守，但只限小型公司。大型企業仍舊茁壯，並慢慢累積其資本。

外在環境變化的這段時間，種族間的眞實情緒（東西方人彼此憎惡）也持續增長。日復一日，在各通商港口販賣的報紙上，用可笑或輕蔑的語氣表達他們厭惡；頑強的本地媒體也以牙還牙，雙方一觸卽發。

「反日」報紙要不是代表了絕大多數居留地民衆的感受（我相信他們確實如此），至少也象徵著外資壓力及居留地的優勢。至於「親日」的英文報紙，雖由精明人士主導而發揮了卓越的媒體力量，仍無法平息由同業輿論所引發的強大憤慨。

英文報紙中那野蠻、不道德的指控，立卽被日本報上揭發的通商港口醜聞給回應，呈現在帝國數百萬人民眼前。種族問題被強勢的排外聯盟帶入日本政治，外人居留地因此被指爲惡行的溫床。國民的憤慨難以招架，導致政府只有使出非常手段才能避免災難。外國媒體卻依然火上加油。甲午戰爭初期他們公然支持中國，一直持續至戰時。他們大肆刊載不實的報導，大獲全勝的日本被無端地輕視，戰後更宣稱日本「走向危險之途」。而之後發生俄國的干涉事件，他們卻拍手叫好，甚至身爲英國人卻還譴責英國的支持。這類言論引發的結果，是永生難忘的屈辱。這是憤怒，也是警告（受到簽署新合約，將外國人置於日本司法管轄權下），呼應著名符其實的徬徨。這也是被那令人畏懼之新思維，所挑起的另一場排外運動。

這類的動亂展現在羞辱、嘲弄外國人的事態上，有少數甚至會訴諸暴力。爲了遏止國民的憤怒示威，政府再次發布公告甚至警告大衆。結果，他們居然立刻停止了怒火，就如當初發怒般迅速。他們之所以停止行動，無疑是因爲意識到以海軍立國的英國的友善態度。在世界的和平受到威脅下，英國對日本自然有其價値，這對英國也有異曲同工之妙。英國大概是最早與日本重新訂約的國家，雖然他們的子民在遠東地區高聲呼喊著。日本領導者也相當感激，否則外國人與日本人間的仇恨可能導致不良結果，就像衆人所擔憂的。

最初的對立是在種族之間。自然而然。隨著逐日增加的利害衝突，雙方開始有不理性的極端偏見。沒人能知道雙方是否能重修舊好。也許幾個世紀後，仍無法跨越種族的隔閡，情感差異的隔閡，語言之間、風俗信仰的隔閡。雙方雖然因爲本質相互吸引，也能體察彼此而表現友好，但一般而言，外國人對日本人的了解遠少於日本人了解外國人。對外國人來說，比無法理解更糟的，是他身爲侵略者的事實。

在一般場合，外國人不可能被當成日本人對待。這並非因爲他的富有，而是因爲他的種族。除了靠外國貿易維生的日本店家，賣給外國人與日本人的價錢不同，是常見的規則。如果你想去日本劇院、奇人秀、任何娛樂場所甚至是入住飯店，都要依照不同國籍課虛擬稅。外國人不會以日本的薪資支付日本畫家、勞工、職員，除非他們有薪資外的其他考量。外國旅人到日本旅館（專爲歐美旅人經營的旅館除外），價格也不會和日本旅人的價格相同。大型旅館集團訂定並遵循此種原則（集團控制著遍布全國的飯店），也要求本地店家及小型民宿遵守。日本業者公開承認，外國人之所以得付比日本人高的價格，是因爲他們會帶來更多困擾。這是實情。但在這些事實背後，顯然是種族情感問題。旅館老闆只專注在日本顧客上，完全不在乎外國旅人，甚至多半不收他們入住。部分是因爲闊綽的日本顧客不喜歡旅館內住有外國人；部分則是因爲西方旅人偏愛獨占客房。但客房若讓給五人、或八人的日本團客則更有效益。

另一個較不會被聯想在一起的原因，是因爲在舊時的日本，客人會留下小費以示尊重。而只要不超過成本，日本旅館都會提供餐飲（在鄉村仍是如此），因此小費對旅館相當重要。眞正獲利都是來自客人的小費。窮人付少一點，富人就給多一點——這是被預期的，而且取決於服務。一如上述，服務生會根據雇主的財力來預期應得的酬勞，甚至據此來評斷工作的價值。畫家寧可爲贊助商作畫，而非畫好等待有緣人：只有商人會透過討價還價，試圖獲得客人的好處——這是商人的特權之一。依這種「相信付款卽是尊嚴」的習性，我們或許能猜想，對象若換成西方人則不會有好結果。

所有關於買賣的事，我們當作是「商業行爲」。西方的商業行爲的運作，並非是在抽象的道德之下，而至少是發生在彼此相關的道德之下。慷慨的人極度厭惡付帳竟得取決於道德感——除非完全知道材料及勞力成本，他才會奉獻似地付出超額的金錢，並以為自己做了一件善事。自私的人則會極盡所能地貪小便宜。因此日本人不得不使用特價策略來對付外國人。受族群的對立及大環境影響，會有或多或少的交易衝突。外國人不僅要支付老練的勞工較高工資，也要簽署代價高昂的租約，負擔較高的租金。甚至連最低階的日本傭人也能從外國家庭獲得不錯的工資，而且他們討厭被使喚，所以通常待不久。表面上，日本知識階級積極地想進入外商，但這也常被錯誤解讀。他們真正的目的很簡單，就是為了讓自己能更勝任如日本商會、店家、旅館的工作。比起在工資較高的外商一天工作八小時，一般日本人寧可在本土公司一天工作十五小時。我曾見過大學畢業生去當服務生，他們卻只希望從中學到特別的東西。

四

就連最遲鈍的外國人，也不會相信這個四千萬人團結一致，並達成絕對獨立的國家，會一直願意將自己的進出口貿易交給異鄉人管理，尤其是他們對通商港口的情感。

治外法權轄之下，日本外人居留地的存在，對於國家的尊嚴是持續的折磨，暗示著國家的衰弱。這點曾被公開宣布於刊物、排外團體成員的演說，及議會的演說。然而想掌控所有商業體系是全國的共識，引起居留外國人暫時的敵意及恐慌。西方人能自信地說，日本人若屏除外國協商者便會損害自身權益。

雖然擔心之後會被日本司法所轄，但除了被當地法律侵犯之外，外國商人卻從未想過日本有可能擊敗大型資本企業。並不是因爲日本郵船會社在戰時已成爲全球最大的汽船公司之一；或日本正直接與印度及中國貿易；或大型海外製造中心已設立日本銀行；或日本商人正送他們的下一代前往歐美接受健全的商學教育。而是因爲日本律師已獲得大型外國客戶；且日本造船商、建築師、工程師已取代外國人提供政府的服務，但並未禁止外國代理商繼續控制與歐美的進出口貿易。西方商業體系在日本無用武之地，而日本其他的能耐卻沒有潛在的商業性。因此在日本，外資不可能被任何聯合組織有效地牽制。有些日本商會也許會承攬小型進口生意，但出口貿易則需徹底了解地球另一端的商業情勢，諸如此類的連結、信用是日本人無法取得的。

儘管外國進出口商對於這點相當有自信，他們卻在一八九五年七月難堪地摔了一跤。當時日本公司拒絕接受已下訂之貨物，所以英國商會在日本法院對日本公司提出訴訟，並獲判將近三萬美元的賠償。但後來這個英國商會卻發現，自己被一個權力不容小覷的公會威脅。被告的日本公司沒有提出上訴，也表示準備好一次付清全額罰款——如果有需要的話。但日本公司所隸屬的公會卻告知勝訴方，和解會較爲有利。緊接著，能摧毀一切的抵制行動開始了——這場行動是由日本帝國所有工商業中心發起。和解對外商產生即刻的影響，居留地也相當驚慌。針對抵制行爲的不道德，是有些譴責的聲音。[25]但這是爲了對抗法律無法解決的事。這也提供了積極的證據，證明日本人有能力迫使外國公司屈服於他們——也許採取合法行動，或是其他手段。大型公會由大型產業組成，這組織的決策以電報統一發送，可以擊垮對手，也能無視於法院的判決。日本人前些年的抵制都以失敗收場，讓他們以爲無可團結。但現況顯示他們從失敗中學到相當多，並更進一步給那些以爲能輕鬆應對的外國貿易組織一個教訓——最後回到日本人手中。如此實現了國家願望的一大步——日本是日本人的。即使日本應該對外人居留地開放，但外國投資者卻永遠在日本組織的庇蔭下。

五

以上簡略描述的現況，也許足以說明日本社會發展中具重大意義之現象。新條約簽訂下的國土開放、日本工業的快速發展，與歐美貿易量的逐年

25／一名經驗豐富的神戶商人曾在一八九五年八月七日的《神戶大事紀》中如此觀察道：「我無意為抵制行為辯護。但從得到的訊息中，我堅決相信每一個案例都有過挑釁日本人的行為，激起他們的情緒及正義感，使他們團結起來對抗。」

大幅增加等等因素，都會使得外國居留者增加。但這暫時結果也許會讓許多人誤判情勢的變化。精明的商人甚至宣稱，通商港口可能在未來進一步擴建；事實卻是，日本具有競爭力的商業成長終將使外商撤出市場。

屆時，如社區一般的外人居留地也會消失，只留下少數大型代理商，而它們的存在就像是文明世界的主要港口。至於居留地荒廢的街道、或視野絕佳的豪華洋房，皆會被日本人入住及承租。將不會有大量的外國資金流入內地。而甚至教會的傳教工作，都必須交由日本傳教士來進行。正如佛教是在透過日本僧人傳其教義之後，才慢慢有了輪廓。所以，基督教若非經由大和民族融合其精神及社會世事後重塑，否則不可能會出現任何固定樣貌。即使在重塑後，也只能以小型派系的方式存在。

上述社會現象所展現的，可藉由一個比喻作出最好的解釋。在許多意義上，人類社會都可從生物性的觀點來分析比較。一個強行進入其他系統且不可能同化的外來組織，會引發排斥及分裂，直到自然消失或人工移除。日本正是藉消除惱人元素來使自己茁壯。這自然發生的過程全憑他們的決心，讓自己重獲居留地的所有權並廢止治外法權，及讓日本帝國擺脫外國勢力。這也清楚表現於某些情事：趕走外國雇主、會衆反抗外國教會，並堅決抵制外商。在這些種族運動背後的不只是種族情感，而是一個明確的信念——外國的援助是國家衰弱的證明。只要進出口貿易仍被外國人掌控，日本帝國在商業世界的衆目睽睽下，就會顯得毫無尊嚴。數間日本大型商號都盡量使自己擺脫外國掮客的主導——與印度及中國的大型貿易由日本汽船公司所負責，而與南美諸國的聯絡管道也將很快被日本郵船會社建立，得以直接進口棉花。但外人居留地仍會持續動盪；日本全民則會不屈不撓地征戰於商場，僅靠己力便滿足國家所需。這會比甲午戰爭更加顯現日本在國際間的眞實地位。我想，這場征戰必會凱旋而歸。

六

日本的前景是什麼？假設這現有的趨勢將持續到遙遠之未來，少有人會保持樂觀。戰爭、內亂可能迫使憲法無限期終止，導致軍事獨裁復辟——可能以現代的樣貌重建幕府。無論變好變壞，卻必定會有大幅改變。然而若這些改變是常態，表示大和民族會透過時代的快速變化來持續吸收新知，以達到永續生存。基於某些合理見解，我們能夠冒險推論如下。

我認爲日本人的體態，在下世紀前會變得更優越。如此的推論有三個原因。第一，日本帝國強壯青年所受的系統性軍事管理及體能訓練，在幾世代後應可創造出如德國軍事體系的成果，而體格、胸圍、肌肉發展都有所進展；第二，日本城市能供應人們良好的營養——他們以肉食爲主，這些養分必會帶來生理上的進步。而如雨後春筍般出現的無數餐館，讓「西式」飲食幾乎和日式飲食一樣便宜；第三，因教育或兵役而造成的晚婚，會使下一代越來越優良。還沒成熟就結婚生子的比例如果降低，相對地弱勢兒童便會減少。現今日本人的體格差異，似乎能證明大和民族在嚴格的社會紀律下也能創造出良好體格。

而道德進步卻難以期待，甚至可能倒退。日本昔日的道德理念的崇高，並不亞於西方。人們可以在父長制度管理下的恬靜時光，一一實踐這些想法。據官方統計，過去不誠實、不正直和其他惡形惡狀的情形比現在罕見。然而今日犯罪率則穩定增加，這當然也代表在其他日漸加重的生存壓力。舊時代的道德標準，如同輿論現象是屬於較未發展的社會。然而，我不認爲可以就此斷言那時的道德比今日要糟。某種層面上它們甚至更好，因爲在任何時代，日本妻子的貞潔都不容懷疑[26]。如果使用更高的道德標準，便無須引用史學家萊基（Lecky）的看法來證明西方是否有較好的道德。年輕侍衛被鼓勵早婚，以防止放蕩生活的誘惑，所以我們尚可推論此爲普遍狀況。富人的納妾特權有其弊害，但也讓大房從不停照顧孩子的過勞中解脫。這些社會狀態十分迥異於西方宗教理想化的假設，所以傳教士們不能妄下評斷。然而還有一個鐵證——小妾會使得娼妓無法生存。在許多有大名城堡的大城市中，沒有一間妓院能夠生存。當所有事都深遠地權衡之後，我們會發現雖然舊時日本有其父權制度，但他們或許比許多西方國家更少批評性道德觀。日本人比日本法律要求的還要優秀。時至今日，性別關係有了新規範——每當我們訂下新規範，那些規範卻無法立刻產生正向結果。法律不能使改革迅速。法律無法直接創造情感。而實際的社會進程，只能透過長期規範及訓練所培養出的道德轉變。雖然也同時變得精明，但在人口壓力及生存競爭的雙重加壓下，勢必會強化民眾性格，並增加自私心態。

26／據說日語沒有代表「貞潔」的詞彙。同理，我們也可說英語沒有代表「貞潔」的詞彙——因為其已從其他語言，以「名譽」、「美德」、「純潔」等轉化進英語中。若打開任何一本和英詞典，你會發現許多有「貞潔」之意的詞彙。否認「貞潔」一詞是現代英語十分可笑，因為它先由拉丁語轉化成法語，再變為英語；也因此，否認一千多年前傳入日本的中國道德漢字是當代日語的一部分，也相當可笑。這種說法容易使人誤解，因為讀者會就此推測日語沒有形容詞或名詞——但象徵「貞潔」的形容詞卻不勝枚舉。且最常見的詞彙兩性均適用——且包含堅毅、嚴謹、忍耐，及誠實等日語意義。在語言中缺少抽象詞彙，決不代表其缺少實際的道德觀念。

理性而言，未來日本無疑會有大幅進展，但絕非像「日本將在三十年內徹底蛻變」的說法那樣迅速。雖然科學教育廣泛傳布於國民，卻無法直接提升民眾知識水準至西方水平。在數個世代內，民眾的能力仍會持續低落。但還是會有些傑出的例外，新的菁英階級也即將出現。但日本真正的未來，與其說是倚賴那些特殊的例外，不如說是仰賴著全體國民。尤其是日本正積極耕耘的數理能力。這是現在日本人的弱點。由於無法通過數理測驗，許多學生被更重要的高等教育屏除在外，年復一年。但在海陸軍校中，卻能發現這些弱點將被改善的契機。對於那些能嶄露頭角的孩子們來說，科學最難的學門並不難應付。

從其他層面而論，我們也預期會出現某些暫時退化。如同日本企圖超越自己的能耐，日本人也肯定會退回到其能力範圍。諸如此類的退化既自然又必要：這只是一個自我強化的過程。這現象甚至可見於某些公務員——特別是教育官員。他們強迫學生超越西方學生的平均能力；他們將英語作爲國語或第二外語，並藉由訓練改良祖傳的情感及觀念。諸如上述十分誇張。但日本必須養成自己的靈魂。他們無法參考別人。我的一個摯友，一生都奉獻給語言學，當他在評論日本學生的日漸墮落，曾對我如此說道：「英語本身即造成了世風日下的影響！這又是爲什麼？」這觀察相當深入。讓全日本學習英語（英語系國家的人們總是鼓吹「權利」的重要，而不提及他們的「義務」）是一個魯莽的行爲。這政策規模太大且太過草率。它會導致許多金錢及光陰的虛耗，並使道德觀低落。日本人學習英語，就如英國人學習德語一般。但若是學習英語會虛耗資源，那至少不會浪費在其他地方。英語的影響已顯現在日語的轉化，使其更豐富變通，且更能表達由現代科學所發展的新想法。

這影響必將長期延續。日語會從中吸納更多，或許也包括法語、德語。這些吸收過程也體現在知識階層的談吐上。在通商港口，對話中還出現混合著外國商業用語的有趣變化。不只如此，日語的文法結構也受到影響。近來傳教士們認爲，東京的街童用被動語態喊著「旅順港淪陷了！」，是一種「神意」的表現。雖然我不這麼認爲，但這足以證明日語具有同化能力，就如同大和民族專屬的天分，面對新情境時能克服所有不足。

或許到了二十世紀，日本還會記得他們的外國教師。但他們絕不會因爲祖傳習俗，而想對親愛的西方人表達深深的尊敬。他們在明治維新前崇尚中國，是因爲日本人自發地想追求華夏智慧，可是，西方知識是日本人被威脅，而強迫吸收的。未來他們會有自己的基督教派，而雖然他們今日仍記得偉大的中國僧人曾教育日本青年，但他們卻不會記得我們西方的傳教士。而日本也不會保存我們留下的紀念物，將之以絲絹妥善地包裝，再放入精緻的白木盒。因爲我們無法帶給他們關於美的新知，也沒有吸引他們的情感。

玖

業力

「愛人之顏與朝日之顏，無法直視。」——日本俗諺

一

現代科學告訴我們，初戀之悸動就個人而言，是「絕對先於所有經驗」的情感。換言之，這看似在所有感受當中最爲個人的，卻一點都不「個人」。哲學早在過去就已發現同樣的事實，而且微妙地以理論揭發戀愛的神祕。遺憾的是，科學至今對這主題僅有少數推測。因爲不管是一見鍾情會喚醒愛戀者靈魂中前世便明白的潛藏眞理，或是戀愛的幻影是由尋求轉世的靈魂所構成，玄學家對些都沒有過適當的詳細解釋。

但科學與哲學皆同意一件最重要的事，那就是戀人自己別無選擇，只能

受外力所驅。科學在這一點上甚至更正面，它清楚表達了要爲戀情負責的是已逝者，而非生者。初戀當中彷彿帶有絲毫幽冥的記憶。確實，科學與佛教相異，不認爲人在特殊情況下能回溯前世。這基於生理學上的心理學論點，否認了個人感知有記憶傳承的可能。但這使得某些更強力、更神祕的事物得以傳續——無數的祖傳記憶，與萬千經驗的總和。如此一來，便能解釋我們最難理解的情感、最矛盾的衝動，和最神祕的直覺。所有非理性的吸引、嫌惡感，以及所有曖昧的悲喜之情，絕不可能以個人經驗解釋。我們還沒有餘裕去討論初戀，儘管就它與不可見的世界的關聯，初戀是人類所有情感當中最古怪、也最神祕的感受。

有道謎題在西方世界便應運而生。在發育中的年輕人生活平凡卻精力充沛，即將進入一種本能時期。男性此時會開始尋找女性，並因爲對自我體格的優越感，產生出原始的傲慢。但女性在這時候對男性的興趣最低，他會猛地陷入瘋狂。在他人生途程，會出現一個素昧平生的女性，與其他人的女兒並無二致，在常人眼中看來也毫無出色之處。但他因爲急速的悸動，他的內心開始翻騰，感官也如同著魔。他的生命完全屬於這位初見的女子，直到激情消退；除了當陽光映照在她身上似乎更顯耀眼之外，他對這位女子一無所知。沒有任何知識能將他從這目眩神迷中解放。這是誰施的巫術？這活生生的偶像有何法術嗎？沒有，心理學告訴我們，這是在偶像崇拜者內心中的先人之力。是先人施的法。這些前世逝者讓戀人的心悸動，讓他初初執起她的手時會在血脈中感受到電流。

然而，戀人心中的先人爲何選擇她，而非其他女孩，是這道謎題最難解之處。有一位偉大的德國悲觀主義者雖曾做出解答，卻無法同時顧及科學及心理學。先人的選擇，是以進化觀點思考，而且是根據記憶而非預知。如此說來，這謎團一點都不令人愉悅。

確實，這浪漫的可能是他選擇了她，因爲她勾起他過往戀情愛過的每個人的記憶。另一種可能，是因爲有無數魅力在她身上復現，那些曾屬於過往他曾愛過、卻徒勞的那些女子擁有的魅力。

從更可怕的角度來看，那熱情雖不斷燃燒，卻永遠不會消逝，也不會止息。那些愛得徒勞的人似乎唯有逝去——實際上他們會在後世心中活著——欲求才得以實現。這些逝者仍等待著摯愛輪迴，得到色身，哪怕要好幾個世紀，他們永恆地將自己朦朧記憶織進年輕人的夢中。因此，這些無法如願的不安靈魂，便依附在不爲人知的女子身上。

在遠東地區則有另一種想法。我將寫下的，與佛陀的開釋有關。

二

最近有位僧人死於一個非常特別的情境。他是靠近大阪某間淨土宗古早門派寺院的僧人（你可以從關西線往京都的火車上瞧見這座寺院）。

此僧相當年輕，認眞且十分俊美。城中女人無不認爲，就僧人而言，他的面貌確實太過英俊，彷佛是一尊由昔日偉大的佛像雕刻師所造出的美麗阿彌陀佛像。

但在寺院附近的男人看來，他不過是個單純而博學的平凡僧人。實際上也是如此。然而女人不會只想著他的美德或學問——他的俊美不巧會讓女人忽略他的心智，只把他單純視爲男人而仰慕。寺院附近的女人崇拜他，甚至遠方的女人亦如此，這些崇拜完全不是出自虔誠心。這些崇拜干擾了讀經，也翻攪著他的冥思。她們爲了踏進寺院，編出各種謊言也在所不惜，只求能見他一面或與他說上一句話，追問著他必須回答的問題，奉上他無法拒絕的供品。有些問題甚至非關宗教，讓他面紅耳赤。他天性太過溫順，無法以嚴肅態度保護自己，城裡女子因此有機可乘，積極地說著鄉下女子不敢啟齒、他也必須告誡對方離開的話題。當他逃避羞赧女子的崇拜，或是大膽女子的奉承，他就益發困擾，直到這變成他的苦難[27]。

他的雙親早已亡逝，他在世上已無牽絆，只愛著他的天職及讀經；他不願想著愚蠢且禁斷的情事。他宛如活生生偶像的美貌不過是種不幸。女人拜倒在他的膝下，並徒勞地祈求他愛上她們。獻給他的情書從未中斷，但從未

27／日本俳優常會對多情的少女施展魅力，藉此占她們便宜。但一位僧人卻很少有這種魅力。

得到回信。有些還以謎樣的文言寫著：「在岩枕相會」、「人影上的浪」、「重逢的小川」。其餘的則沒那麼賣弄文筆，甚至相當溫柔，充滿女孩初次告白的情意。

長久下來，這些情書讓年輕僧人表面看來已無動於衷，就像那些與他外貌相似的佛像。然而，他並非佛陀，只是凡夫俗子，而且他的境遇相當不幸。

某夜，一個小男童來到寺中，為他捎來一封信。他輕聲說出寄件人的名姓後，便奔入暗夜中。根據隨後沙彌的說法，那僧人讀了情書，收入原先的信封袋，擱放在座墊旁的榻榻米上。他久無動作，彷彿深陷思緒。而後，他尋找筆墨，親筆寫了封信，收信者是宗門中的長輩。他將信置於桌上，看了看時鐘，查閱列車時刻表。時間尚早，且夜黑風高。他伏在祭壇前祝禱，接著便匆忙離開寺院，抵達車站。他跪倒在鐵軌正中央，開往神戶的列車眼下正朝他疾駛而來。而另一頭，那些崇拜他那驚人俊美容貌的女子正尖叫地看著這一幕。在燈籠的光照中，僧人所有殘存的可憐塵緣，均已沾染在鐵軌上。

他寫給長輩的信被人發現。上頭只寫著他察覺自己心靈的力量正在消逝，只有一死才能免於違命。

地板上則落著另一封信。那信以女子的口吻寫著，隻字片語皆帶著謙愛之意。如同這類情書一般（它們從不投進郵筒），當中無日期、無姓名、無頭字，且信封上也無地址。

這麼隨意或許太過踰矩，但我想我得對你說些什麼，因此寫下此信。卑賤如我，只能說當我在彼岸會上初見你後，就開始想念你，時時刻刻再也無法忘懷。每日對你的想念令我無法自拔；每夜夢裡相見，醒時卻見不著你，才想起原來夢境未能成真，我只能以淚洗面。請原諒我生為女子，我所表達的狂熱好感不應被崇高的你討厭。讓自己的心被一個高不可攀的男子所困，似乎既愚蠢又欠缺優雅。但這只是因為我明白自己無法壓抑我的心，我超乎想像地被這些卑微的文字所困，或許我能以我貧乏的文采將之寫下，寄給你。我祈禱你能看我可憐；我懇求你別在回信中拒絕我。同情我，就當作是我真摯情感的流瀉，賜給我奇蹟，請以丁點仁慈公平地評斷這顆真心。這顆僅剩憂傷的心冒險寫信給你。時時刻刻，我都盼望回訊佳音。

敬祝

順心

今，從名門之女，寄給渴望的摯愛，敬啟

三

我拜訪了一位精通佛教的日本友人，就這起事件的宗教層面向他詢問一些問題。即使這起自殺事件是對人性弱點的告解，對我來說，當中仍帶有一些英勇。

友人則不這麼認為。他反而譴責此事。他提醒我，如果有人將自殺視為脫離罪惡的手段，那麼佛陀會驅逐其魂魄，判其不配成聖。至於那位已逝的僧人，他也是釋尊所稱的愚者。藉由摧毀肉身來摧毀內心罪孽的根源，只有愚者會如此想像。

我反駁道：「但是，那僧人的生活那麼純潔……假設他尋死，也許在無意間，反而讓其他人能不造業？」

友人諷刺地笑著說道：「昔日有位家境優渥且美貌動人的女子，想削髮爲尼。她前往某間寺院，向上人告知願望。但上人對她說道：『妳還年輕，過的是富家生活。在世間男子眼中妳如此美麗。妳的美貌會讓你遭遇到回應世間享樂的誘惑。妳遁入空門的願望或許起因於某些暫時的傷悲。所以，我現在無法答應妳的請求。』但她依舊誠摯地請求，上人卻轉身離開，留下她一人。此時，房內有一座大火鉢，她便將火鉗放入鉢內燒得通紅，再烙上自己的臉，讓美貌永遠破滅。僧人聞到燒烙味道，連忙趕回，十分遺憾眼前景象。她再次請求，聲音毫無顫抖：『因爲我長得美麗，所以你不願讓我爲尼。那麼，現在願意了嗎？』於是她得以入道成尼。那麼，你認爲誰比較有智慧？

是那美女，或是你想讚美的那位僧人？」

「但那僧人，」我問道：「是否有義務毀傷自己的臉？」

「當然沒有！就算只是爲了抵擋誘惑，那女子的行爲依舊不值得。任何自殘之舉都是佛法禁止的。但她違背了佛法。不過，若她烙毀面容只爲求進入佛道，而不是害怕自己的意志抵抗不了罪孽，那麼她的過錯就相當微小。另一方面，自盡的僧人則犯了大罪。他應該要讓那些誘惑自己的女子皈依。然而他太過懦弱，因此無法行動。如果他認爲身爲僧人無法避免如此罪孽，那麼他就應該還俗，遵循俗人戒律。」

「所以根據佛教，他沒有修得任何善果？」我問道。

「我很難認爲他有。只有那些不知佛法的人會贊同他的行爲。」

「那麼，通曉佛法者又會如何斷定這結果，也就是他行爲的業果？」

友人沉默不語。他深思後說道：「我們無法完全得知自殺的完整眞相。或許這不是第一次發生。」

「你是指，他在前世也曾企圖藉由自殺逃避罪孽？」

「是的。或者在許多前世。」

「那他的來生呢？」

「只有佛陀能回答這問題。」

「但佛教的教義又如何闡釋？」

「你忘了，我們不可能知道那僧人在想什麼。」

「假設他尋死只是爲了逃脫罪孽？」

「那麼他將會一再面對同樣的誘惑及所有的痛苦、悲傷，甚至輪迴千萬次，直到他終於學到如何控制自我。透過一死，完全無法逃離克己。」

與友人告別後，他的話語持續在我腦海中迴盪，至今依舊。這些話語激發我對於自己在這文章開頭所大膽提出的理論，有了許多新想法。我還未能說服自己，他如此詭異地詮釋戀愛的神祕，是否比西方詮釋存有更多不妥之處。我一直在思考，致人於死地的愛情是否比掩藏熱情的慾望更具意義？難道它們不也意味著，長久被遺忘的罪孽是無法避免的報應？

拾

保守主義者

あまさかる
日の入る国に
来てはあれと
やまと錦の
色はかわらし[28]

一

他出生在內地一座三十萬石的大名之城，此處不曾有外國人到訪。他的父親是高階武士，居所就座落在環繞的城壕內。房舍相當寬敞，後方及四周皆有仿造自然風景的庭園，其中還有祀奉軍神的小社。四十年前，這裡有許多類似的房舍。這些至今僅存的房舍，在藝術家眼中，大概有如仙女的宮殿，而庭園就好似西方極樂的幻夢。

這位武士的兒子們那時接受著嚴酷的訓練。我寫的這一個，他沒有太多時間作夢。對他來說，受父母照顧是短暫而痛苦的時光。甚至在被授予「著袴之儀」[29]這大禮之前，就盡可能地讓他脫離保護，並教育他該如何控制幼稚的脾氣。即便他心底希望母親時常在家，好讓自己有她的陪伴，然而，若是被玩伴們看見他和母親一同外出，他就會被這樣取笑：「你還需要喝奶

28／此俳句大意爲：「在落日之國度，暫且不論是否該前來；那大和錦（一種日本絹織物）的，顏色不斷變化著。」

29／當時一種皇室儀式。孩子五歲時，會賜予他人生中第一件袴褲。

嗎？」這些只是冰山一角。所有的娛樂都嚴格受限於紀律，他甚至不能過的安逸，除非有病在身。幾乎從他學會說話開始，就被命令必須要思考生存的動機、自我約束的原則，並將苦痛與死亡置之度外。

在年少時就培養出冷酷、嚴厲、絕不懈怠的態度，是這種斯巴達式教育較爲無情的一面。僅僅除了家庭中的親密關係。男孩們對見血都習以爲常。他們被迫目睹處決；他們被期待面無表情；他們返家之後，會被迫吃下大量浸著梅干汁液、顏色像是鮮血的泡飯，並壓抑住深藏的恐懼。這相當年輕的男孩，甚至還被要求在午夜獨自前往刑場，帶回一顆人頭以示勇氣。因爲對於武士而言，害怕亡者與害怕生者都同樣會被輕蔑。年輕武士要能無所畏懼。在所有測試中，精確的動作代表無懈可擊的麻木；任何驕傲的模樣，都會被嚴格地看作是懦夫。

當他年紀漸長，他只能在體能訓練中得到消遣，包括射箭、騎馬、相撲及劍術等等，這些爲了讓武士能保持備戰的運動。

他會有年紀略大於他的玩伴，是家臣們的兒子，目的在於幫助他習武。這些玩伴的責任是教導他游泳、划船，及鍛鍊他的青春體魄。他每日大部分的時間都在進行體能訓練，或研讀中國經典。他的飲食雖然豐盛，但絕不精緻；至於他的衣著，除了某些重要場合，也都相當單薄和粗糙。生火取暖是被禁止的。他在冬晨讀書時，若是手凍到握不住毛筆，會被命令將手浸入冰水中，藉此恢復血液循環；而若他的雙腳凍到發麻，他會被叫去雪地裡跑步以暖和雙腳。他所受的武家禮節訓練則更加嚴苛，他很早就知道他腰帶上的小刀既非飾品也非玩物。他被教導如何使用它，而當長官下令，無論何時都要毫不畏怯地自我了斷[30]。

而宗教上，年輕武士所受的訓練也相當特別。他被教育必須敬神和敬祖；他熟讀中國經典；他被傳授佛教哲學及信仰。但他也同樣學習到，只有無知的人才會盼望西天，或害怕地獄；較高等的人，其行爲應該遵循因正道而起的無私之愛，與義務認知的不變法則。

從童年長成至青年，他的行爲漸漸不再受監督。他越來越自由，並依照自己的判斷行事，然而他深知錯誤將不會被遺忘，而罪行也不會被完全寬恕。嚴厲的譴責比死亡更加可怕。除此之外，挑戰他守則的誘惑幾乎不存在。娼妓在許多地方都被嚴格禁止。諸如此類的俗事，或許已反映在大衆小說或戲劇上，但年輕的武士對此則不甚了解。他被教導要鄙視那些非柔愛卽狂戀的大衆文學，因爲其本質非男子讀物，而大衆戲劇對武士來說更是禁物[31]。如此一來，在過去日本的純樸社會，年輕武士可能會特別純心而純情。

由上所述，成熟的年輕武士有這些特質：無懼、有禮、克己、拒絕享樂，且能隨時爲了愛與忠義捨身。雖然身心都已經是一名武士，但日本第一次面對黑船來臨時，他也不過是個虛長幾歲的男孩。

30／「那果眞是你父親的項上人頭嗎？」一位領主曾如此詢問當時年僅七歲的武士之子。那孩子立刻會過意。但那顆方才斬下的並非他父親的人頭——那位大名騙了他，但這椿謊言卻有其必要。那孩子對人頭誠心致哀後，便突然切腹自殺。領主所有的疑慮在這片血淋淋又殘酷的孝心前一掃而空。犯法的父親則因此逃過一劫，這孩子的故事如今仍可見於日本戲劇及詩歌中。

31／在某些地方，武家女子能前往劇院。但男子則無法——這會破壞武士戒律。而在武士家庭或屋敷內可舉行某些特別的演出，巡迴演出的役者正是到此表演。我知道有些溫良的老士族畢生從未進過劇院，並婉拒所有賞劇邀約。至今他們仍嚴守武士戒律。

二

以處死禁止任何日本人離境的「家光」政策，使得日本鎖國兩百年[32]。因此他們對大海另一端所聚集的龐大勢力一無所知。曾在長崎存在悠久的荷蘭人居留地，也不曾啟發日本，使其了解自身的處境——即被超越自身三百年的西方世界所威脅，一個十六世紀的東方封建國家。西方世界的眞實狀況，早該像童話故事般傳進日本人的耳中，或者被歸入有如蓬萊宮的昔日寓言。美國艦隊黑船的到來，使得日本政府首次意識到自己無力招架，而大敵就在遠方。

隨著第二次黑船抵達，幕府承認自己無法招架外國勢力，社會的騷動不安隨之而來。這比從前元朝來襲時更危險、更嚴重，那時人們曾祈求神明幫忙，天皇也在伊勢神宮祈求先祖保佑。後來那些祈求得到了回應，那就是招來使天地晦暗的一陣神風，忽必烈的艦隊於是沉沒海底。這次何不如法炮製呢？事實上，有無數的家庭和神社確實如此。但眾神這次沒有回應；神風亦未降臨。這位年輕的武士，在他父親庭園前的八幡神社徒勞地祈禱著；懷疑眾神是否失去法力，抑或黑船上的人有更強大的神祇保護。

三

他們很快便發現那些「野蠻人」並未被趕走。東來西進，成千上萬的移

32／幕府將軍德川家光曾頒布五次鎖國令，日本從此進入鎖國時代（1633-1854）。

民進入日本，還建立起所有可能的保護機制。他們同時也在日本國土上，打造自己的怪奇城市。政府甚至下令所有學校都必須傳授西學；英語學習是公共教育的重要環節；公共教育也被西方思維重新塑造。日本政府已宣示，國家未來要仰賴對外語、科學的研究和精通。著手研究到開花結果之間，日本實際上仍被外國支配。的確，事實並非政府公開所言，但這政策的意義卻很明顯。在明白這首次引發的劇烈情緒之後（人民極度沮喪、武士們也壓抑著憤怒）激起了一股強烈的好奇，想了解那些傲慢外國人的外貌及性格。到底他們是如何單單透過軍力優勢，便能予取予求。關於夷狄風俗及異國街道的廉價彩色刊物被廣爲流傳，滿足了這普遍的好奇。那些塗了顏料的木頭——版畫，在外國人的眼中只是諷刺畫作。但畫家想表達的絕非諷刺。他試著畫下自己眼中外國人的樣貌。有著像猩猩般的紅毛、天狗般的鼻子[33]，穿著外型及顏色皆可笑的衣裳，住在像倉庫或監獄般房舍的綠眼怪物。這些版畫在國內的銷售數以萬計，可見當中一定有許多神祕的看法。但他們描述少見事物的企圖不帶有惡意。爲了解當時日本人如何認爲西方人醜陋、怪異及可笑，我們應該要研究這些老版畫。

城內的年輕武士很快就有遇見西方人的機會，他是諸侯請來教導他們的英國教師。他在護衛的保護下來到，並下令要以名士的規格禮遇他。他不像日本刊物裡的外國人那樣醜陋：他確實頂著一頭紅髮，他的眼珠也有著奇

33／日本傳說中，猩猩是一種身披紅毛，以酗酒爲樂，像猴子的神祕生物；天狗則是住在深山的神祕生物，有數種樣貌，有些有著一隻長鼻子。

怪的顏色；但他的面容沒那麼討人厭。他變成衆人的觀察對象，並持續很長一段時間。明治之前的日本，對外國人有著奇妙迷信，不了解這點的人根本無法想像這位英國教師的處境。雖然西方人被認爲是有智慧卻令人畏懼的生物，但普遍不被當人看。他們比人類還更接近動物。他們有著奇怪外型且身體長滿毛髮；他們的牙齒長得跟人類不一樣；他們的內臟很罕見；而他們的道德觀也像是魔物。外國人所引發的恐懼並非只針對武士，而是普羅大衆。這不是生理的恐懼，而是迷信導致。就連日本農民也不會如此懦弱。但若要理解那時對外國人的看法，我們必須先知道某些相通日本及中國的古老信仰。

具通靈能力且能化爲人形的動物、半人半神的種族，以及古代書中所記載、有著長手長腳並留有鬍鬚的怪物。這些都曾被描繪在怪談插畫家，以及葛飾北齋的筆下。這些初至日本的外國人，他們的面容似乎證實了中國的傳說；他們身上的衣裳，是爲了不讓他們現出原形。所以這位英語老師在毫不知情的自得當中，被偷偷地觀察著，就像是西方人研究珍禽異獸！而在學生身上，他只感受到謙卑有禮：他們以中國禮俗「足不可上踏過師影」之道相待。只要他願意教課，無論任何場合，那些武士學生們都不在意他們的老師是否爲人類。就如源義經曾向天狗習得劍術。這非人類的生物卻印證了自己既是學者也是詩人[34]。在永不揭開的殷勤面具之下，他們仍時時刻刻注意著

34／傳說平安時代的大詩人，也是菅原道眞（今被奉爲天滿神）恩師的都良香，通過京都御所的羅生門時，曾大聲吟誦這句臨時想到的一句詩：「氣霽風梳新柳髮」。此時門外立刻傳出一道口吻譏諷的唱和聲：「冰消波洗舊苔鬚」。都良香四處張望，卻空無一人。返家時，他將此事告訴弟子，並覆誦這兩句詩。菅原道眞聽了盛讚第二句，並說道：「第一句是詩語，但第二句是鬼語！」

這位異鄉人的一舉一動，且根據這些觀察，他們最終的看法也不全是奉承之語。這位老師從未設想過，他的雙刀流徒弟給予他的評論；也不曾想過若了解他們的對話，爲人師表的自己肯定無法淡然處之：

「看看他的膚色，多麼溫暖！一刀取他的首級應該輕鬆有餘。」

他曾被引介練習相撲，他心想這只是好玩罷了。但對方卻是眞的想測試他的體能極限。結果他不被當成是擅長運動的人。

「他的雙臂一定很強壯，」某人說道：「但他並不知道要如何運用；他的腰也非常虛弱。要攻擊他的背簡直易如反掌。」

「我覺得，」另一人說道：「跟外國人決鬥應該很輕鬆。」

「用刀的話確實如此，」第三人回答：「但他們比我們擅長使用槍砲。」

「這我們都能學會，」第一人說道：「等到我們學會西方軍事技巧，就用不著在乎西方士兵了。」

「外國人和我們天差地遠。」另一人再說道：「他們容易疲倦，又怕冷。每個冬天，我們老師一定要在房裡生起熊熊火爐。要是在那裡待上五分鐘，我的頭就開始痛了。」

儘管如此，這群男孩依舊對他們的老師相當好，也讓他對他們疼愛有加。

四

但世事就如大地震般難以預料——大名制度因廢藩制縣而崩解，武士階級被廢除，整體社會組織也被徹底改造。雖然年輕武士們能將對領主之忠誠，毫不費力地轉移至天皇，又雖然在變動之餘仍能保住家產，面對這些轉換仍令他們充滿悲傷。所有這些都告訴他國家遭受重大危機，也宣告著某些古老的崇高理想及近乎所有珍愛事物的消失。但他知道遺憾不過是白費力氣。只有透過自我轉化，日本才能維持主權獨立；而如他們一般的愛國之人，理所當然的義務便是有所認知，並隨時做好準備，以便在劇烈變遷的未來成爲重要的角色。

他在武士學校中學會英語，知道自己能與英國人對話。他削去長髮、捨去刀劍，接著前往橫濱，或許他能在那理想環境下持續精進英語。起初每件事對他都既陌生又反感。就連在橫濱的日本人，跟外國人來往後也產生變化：他們既粗鄙且俗不可耐，他們言行舉止會令一般人會感到羞恥。至於外國人就更讓他厭惡：那些初至的新居留民常使出征服者的姿態，而相較今日，通商港口的生活也更爲無禮。磚造建築或塗上灰泥的木屋，都使他想起那些繪有外國風俗的日本彩印畫，以及隨其而來的不快記憶。

他更無法馬上忘記少年時代，自己對西方人的想像。理性上由於知識及經驗，他完全知道對方的眞實模樣；但在感性面，他依舊不覺得自己和他們有同屬人類的親密感。種族情感比智能發展得更古老，而依附在種族情感上的盲目恐懼也難以擺脫。他的武士魂，有時會被所見所聞的醜陋事物喚起，行俠仗義或替弱勢發聲時，便會湧起一股來自先人的滿腔熱血。不過他學會克服那些妨礙自己求知的厭惡感：冷靜地探究敵國本質，這正是愛國者的義務。

終於他自我訓練成功，能不帶偏見地觀察新生活——其正面價值比負面價值多，優點也比缺點多。他發現善良，他發現對理想的奉獻。雖然那並非他的理想，但也需要放棄許多事物來達成，就像他祖先的信仰。他因而懂得如何尊重對方。

他學會透過喜愛、信任而互相尊重。有位年長的傳教士致力於教育及改宗的工作上。這位老傳教士特別渴望能使這位年輕武士改宗，因爲他有相當明顯而無可限量的天分，所以盡力獲取男孩的信賴。老傳教士從許多方面幫助他，教他法語、德語、希臘語及拉丁語，並讓他自由地閱讀他的私人藏書。能在外國人的圖書館取得歷史、哲學、旅遊及小說等書籍，對日本學生來說並不簡單。他相當感激，而之後，老傳教士便毫不費力地說服這位他禮遇且寵愛的學徒閱讀部分的《新約全書》。年輕的他在讀到「邪教」的教義時，對其類似孔子學說的倫理箴言感到驚奇。他對老傳教士說道：「這些教義對我們來說並不陌生，這肯定是良善的。所以我應該研讀它，並仔細思考。」

五

這研讀及思考的深入，遠超過這位年輕武士的想像。在了解基督教是個偉大宗教之後，他也了解到其他教令，及信奉基督教的文明的各種想法。對許多善於自省的日本人，甚至是指揮國家政策的熱切心靈而言，這似乎意味著日本無法逃避受異族統治的命運。他們仍抱著希望，也因爲還殘存一絲希望，自我的責任就十分明確。但這仍不足以對抗帝國。爲了探究帝國爲何強大，這位年輕東方武士不禁畏怯地帶著懷疑捫心自問，西方人是如何又於何時獲得這股力量。這股力量是否能像老傳教士所言，與那神聖的宗教有某些難以理解之關聯？中國古代哲學也認爲社會繁盛與否，和順應天道、遵循聖賢有著相互關係。而假使西方文明的優勢，確實就是西方道德的優勢，那麼，去信仰這高級的宗教並努力讓全國改宗，難道不是每位愛國者最顯而易見的責任嗎？然而那時的年輕人受中國智慧約束，又對西方社會發展史一無所知；也因此，他們永遠無法想像最高形式的物質進步，其實主要是透過與基督教理想互斥的無情鬥爭，且是與所有倫理背道而馳的。甚至在今日的西方，許多愚民仍以爲軍力及基督教信仰有神聖的關聯；而在西方人的教會講道壇上，宣稱政治奪權是天意，強力炸藥的發明則是神蹟。連我們之中仍存在迷思，認爲信仰基督教的民族，就是由上帝指定要搶奪、滅絕其他宗教信仰的民族。某些人偶爾會表達他們的信仰。我們仍然崇拜索爾及奧丁——唯一差異是：奧丁已成爲數學家，雷神之鎚（Mjolnir）如今則是由蒸汽帶動。這種人，在傳教士眼中卻是忝不知恥的無神論者。

雖然受到家人反對，這位年輕武士還是決心改信基督教。對他來說這是大膽的一步，而幼時的訓練給了他堅定之心。即使雙親爲此感到悲傷，他也心意已決。但比起其他短暫的痛苦，他捨棄了祖先信仰有著更深遠的影響：這代表他不再擁有繼承權，且藐視故友。喪失武士身分更會造成赤貧。然而，他的武士訓練教導他必須克己。他知道自己的信念，自己的義務是成爲一個愛國者、一個眞理探究者，所以他毫不畏懼也不後悔。

六

有些人希望藉由現代科學知識打破、並取代西方信仰的地位，他們卻沒想到用來對抗舊信仰的論點，也能同理地對抗新信仰。這位平庸的傳教士無法使自己的思想達到更高層次，因此無法預見：若是在東方心智中加入一點科學，它自然而然會比自己強大。所以他既訝異又震驚地發現自己的學生若是越聰明，身爲基督徒的時間就越短。由於對科學的無知，要摧毀曾滿足於佛家世界的信仰並非難事。但若在同樣的心靈中，將西方宗教情感取代東方宗教情感，或將長老教會或浸禮教會取代儒教或佛教，都是不可能的事。現代我們傳播福音的人，絕對無法認知到這心理上的困境。

在昔日，當修士們極力剷除的宗教還未如此迷信之時，也存在著相同的阻礙；而即便他抱著巨大的眞心、及如火焰般的熱情，西班牙僧侶仍認爲要完全實現夢想，就一定需要西班牙士兵手上的劍。但在今日，改宗的情勢比十六世紀時更爲不利。科學重塑了教育工作。我們的信仰，已變成僅被社會接受的必要倫理；我們的神職人員，功能逐漸轉變成道德警察。而教堂尖塔的多寡不但證明我們的信仰沒有增加，還說明了我們對改宗的尊敬也大幅成長。西方的傳統絕不可能會變成東方的；外國傳教士在日本也絕不可能是道德警察。西方教會最開化、且最開闊的部分，已開始體認到宣教之無用。不必為了追求眞理而放下所有的舊教條：徹底的教育應足以揭示眞理，而受教人數最多的德國卻未派遣任何傳教士至日本。遠比年度改宗報告更重要的傳教工作，已造成日本宗教改革。日本政府更強調要增強日本僧人的教育程度。遠在公告之前，較富裕的宗派就已建立西式的佛教學校；而眞宗也能自誇自己的學者曾留學巴黎或牛津——舉世聞名的梵語學者。日本肯定需要比中世紀時更高形式的信仰。但這些信仰一定要從過去的形式發展，意卽從內在而非外在。因西方科學而更加穩固的佛教，將會滿足未來日本人的需要。

在橫濱改宗的這位年輕武士，是證明傳教士失敗的一個顯著例子。為了成為基督徒（或成為外國宗派的一員）而為錢所困的幾年後，他公然放棄這代價高昂的信仰。他比那位傳教士更努力研讀、更理解當代思想家的著述，所以傳教士無法回答他所提出的問題。他發現自己有疑慮的部分已在信仰中產生了危機。但傳教士無法解釋那些書中確實存在的謬論。他因缺陷的理論而改宗教條主義，卻也因更廣更深的理論超越了教條主義。他在教會公開表示教條並非眞理或事實，並發現自己不得不接受老師所謂「基督教之敵」的觀點之後，他離開了教會。他們認爲他的「墮落」是一項醜聞。

但眞正的「墮落」並不遠。不像有著類似經驗的人，他知道疑惑只會讓自己退卻，他也知道自己只習得皮毛。他並未迷失在保守的教條之中。眞理，存在於文明及其信仰兩者之間的眞理，被扭曲的部分，令他迷惘並引領他走向改宗之路。中國哲學曾教導他，「沒有僧侶的社會不可能會繁盛」，這是被近代社會學認可的法則；佛教信仰曾教導他，即使幻想——包括被視爲事實而出現的寓言、形式、符號，皆能幫助培養良善，也有其價值和存在的理由。如此想法，讓他對基督教失去一切興趣。雖不全然相信老師口中那些基督教國家的優秀道德，及與過去認知大相逕庭的通商港口生活，他仍想親眼瞧瞧凌駕在道德之上的西方宗教，也想造訪歐洲國家，研究其茁壯的原因和強大的理由。

他的行動比想法迅速，他因此變成宗教問題上的懷疑者，也讓他變成政治上的自由思想者。而因爲他公開批判政策，而招致政府的憤怒。就像受新思想刺激而同樣魯莽的其他分子，他也被迫驅除出境。使得他展開遍行天下的放浪生活。他先是以難民的身分在朝鮮得到庇護，接著在中國過著教職生活，最後搭著汽船來到馬賽。他身無分文，但他並不擔心要如何在歐洲謀生。他年輕、高壯、儉樸又刻苦耐勞，也有十足信心；而且他有一封由外國人所寫，能使生活順遂的推薦信。

他再次看見故土，已經是很久以後的事了。

七

那些日子裡，他看見少有日本人能一窺的西方文明。他浪跡歐美，住過許多城市，做過許多工作，有時勞心，更多是勞力，也因此他能探究生命中的高低起伏。但他以東方人的眼光看待這一切，評斷的方式也與我們不盡相同。西方人如何看待東方人，東方人就怎麼看待西方人。只有一處差異：自己最爲看重的部分，事實上卻最不可能被對方重視。雙方各執己見，完全不能也不曾互相理解。

西方世界比他想像中更大，那是個巨人的世界。當身無分文、舉目無親地在大都會獨自生活，就連最大膽的西方人也會抑鬱寡歡，更遑論這東方浪人的消沉：隱晦的不安被視而不見。如恆河沙數般的匆忙行人、永不停歇的車陣、毫無靈魂的建築怪物、不擇手段追求功利的這些景況，激起了他的不安。

他看倫敦的方式，或許就像法國畫家多雷（Dore）：那是一排排穿過眼際的花崗岩洞穴，而陰暗的拱門形成了莊嚴卻沉悶的氛圍。石造建築有如山峰，混亂的勞工則像是人海，皆處在展現數世紀以來之險峻力量的紀念空間。對他來說，遮擋日出、日落、天空、微風的無盡石崖簡直毫無美感。所有吸引我們走進大城市的元素，都讓他厭惡或備感壓迫；就連燈火燦爛的巴黎也很快令他倦怠。巴黎是第一座他長期停留的外國城市。法國藝術反映出歐洲民族最具美學天分的那一面。這使他驚訝，卻一點也不著迷。尤其是裸體畫，他在當中只看見一個人類公開地揭發自我之弱點，近乎不忠或懦弱，而他曾受的堅忍訓練告訴他要盡可能鄙視這些陰暗面。現代法國文學也使他震驚不已。他無法理解說書人所創作的驚人藝術，也看不見作品本身的價值。而若他能像歐洲人一樣理解作品，他仍會相信這種經天分轉化的作品只象徵社會的墮落。在首都的華美生活，他從當時的文學、藝術逐漸找到啟發他的信念。他造訪遊樂園、劇場、歌劇院；他用苦行者及武士的眼光觀察，並好奇爲何西方的價值觀與遠東的愚蠢、懦弱是如此雷同。他看見時髦舞廳內穿著暴露的人，無法被東方端莊的觀念所容忍，美感上則會讓日本女性羞愧而死。而他開始懷疑自己曾聽聞有關自然、端莊的評論是否正確，例如，日本人在陽光下打赤膊工作會遭致批評。他看過許多大教堂及教會，但罪惡淵藪就在它們旁邊，像是充斥藝術品贓物的店家。他聽著偉大的傳教士說教；也聽著傳教士口中對其他信仰及愛的褻瀆，令人生厭。他看見貧富循環來去，以及兩者之下的無盡深淵。他卻沒看見宗教所謂的「抑制力」，因爲那世界並沒有任何信仰。那只是個諷刺、虛僞，及貪得無厭的功利主義世界，非由宗教所規範，而是警察。這是一個人們不該誕生的世界。

英國則比法國更加灰暗、肅穆，他爲這些棘手的事深深思考著。他研究英國的富強、發展，與黑暗中不停發生的下流之事。他看見許多港口充滿大多是掠奪而來異國的珍寶；而他明白英國人仍如其祖先一般，是個海盜；他思考著，如果英國發現自己無法迫使其他民族服務自己，那數百萬計的這些人們該何去何從。他看見淫窟、酒鬼，讓這世界最偉大的城市在夜裡變得可笑；他也驚訝英國有麻木不仁的保守僞善者、感念著賜福當下的宗教，也有無知心態將傳教士送往根本不需要他們的地方，以及付出善心來協助終止疾病、惡行的大型慈善事業。他也看見一位周遊列國的偉大英國人[35]的陳述，說建造許多教堂及無數法律的英國，居然有十分之一的人是罪犯或貧民！英國文明比起其他國家，肯定較少顯露出信仰的力量，也不像受過教化。英國街道則教他另一件事：這景象不存在佛教城市的街道上。英國文明代表一種正直與狡詐、貧與富之間的惡性循環。暴力與詭計，將弱者推入清晰可見的地獄。日本絕不可能會出現這種夢魘。但光憑現狀就創造出的這些物質和成就，不禁使他訝異萬分。雖然他看見超乎想像的惡形惡狀，他也在貧富之中看到許多善行。他無法解釋其中的巨大謎團，及無數矛盾。

相對於其他造訪的國家，他比較喜歡英國人。英國紳士的彬彬有禮給他像是日本武士的印象。在拘謹冷酷的背後，他可以感受到接連不斷的善意（他體驗過不只一次）及運用得宜的深度情感，與征服半個世界的崇高勇氣。但在他離開英國去美國探究更大的人類成就之前，兩國之間的細微差異就不再吸引著他：那些問題在他眼中逐漸模糊，並認爲西方文明是驚人的一體。四面八方——無論是帝國、王國或共和國，都同樣展現著冷酷無情的活動，也同樣帶著令人震驚的結果，且周遭的觀念皆與遠東完全相反。他只能判斷這是一個極度不協調的文明。身處其中時一無所愛，永遠脫離時卻一無所恨。

35／「雖然我們已大大超越野蠻生活，而來到文明進程，但我們在道德上仍無同樣的進步……說我們大眾完全尚未脫離道德野蠻的階段，甚至還差得遠。這一點都不爲過。有缺陷的道德，是現代文明大汙點……我們整體社會及道德文明仍停留在原始的階段……我們是世界上最富強的國家，但有二十分之一的人口是地方貧民，且有三十分之一是罪犯。若再加上在逃的罪犯，及仰賴私人救濟的窮人（霍克斯理醫生〔Dr. Hawkesley〕指出，光是倫敦，每年就有七百萬英鎊的捐獻），或許會發現英國超過十分之一的人口是窮人及罪犯。」——華萊士（Alfred Russel Wallace）

這與他靈魂的差異，就像是住在另一個太陽系的另一顆星球上。他可以體會勞力的代價，可以感受沉重負擔，也可以察覺其驚人之處。但他討厭這無盡而完美的計算結構，討厭其功利主義的一意孤行，也討厭其陋習、貪婪、盲目的殘酷、至極的僞善、欲望之骯髒，以及其富強的傲慢。道義上，這文明彷彿是個怪物；常理上，它則相當野蠻。他曾見識這文明極度墮落的深淵，完全與他的理想背道而馳。這是如狼一般的奮鬥過程。但能在其中發現許多眞正的良善，對他而言是件不可思議的事。西方眞正的崇高之處只有智慧。在那冷冽高聳的陡坡上，存在著純粹知性；但在永恆雪線之下，情感理想盡然消逝。古日本文明的仁義，自然比英國文明的各種面向：快樂包容、道德憧憬、廣大信仰、幸福勇氣、單純無私、節制知足，都更加無與倫比。西方的優勢並非在道德層面，而是無數苦難中發展而來的智能，並利用它來恃強欺弱。

然而他明白，西方科學無法被反駁，且一定會讓這文明之力無限擴展。人世間的苦痛也會無法抵抗、無可避免地氾濫。日本必須要習得新方法來精進新思維，否則便會徹底滅亡，別無他法。此時他心中燃起最大的疑惑，是一個所有聖賢都必須面對的問題：難道宇宙的運行也遵循道德嗎？對此，佛教有更深入的解答。

但無論這宇宙以道德或不道德的方式運行，且用直覺判斷，他仍然深深相信：的確，哪怕日月星辰如何阻攔，人類應該用盡所有力氣去追尋最高的道德理想，一直到未知的盡頭。日本急需使自己精通外國科學，並接受許多敵國的物質文明。但這急迫性，卻無法使其拋棄正邪、義務、名譽的觀念。日本人心中，一個想法正緩慢成形，意圖在多年後成為領導者及先師。他們奮力保存所有國粹，並無懼地反對任何對國家自保、自我發展，或於國家利益沒有必要的輸入。也許他們會徹底失敗，卻不可恥。希望至少在殘跡中，能保留某些有價值的事物。比起縱慾及乏味，他對西方生活的揮霍印象深刻。在故國的赤貧中，他看見力量；在故國無私的勤儉中，則看見與西方較量的唯一機會。若非是外國文明會讓他理解自己文明的價值及美麗，否則他將永遠看不見那些優點。他期待著重返祖國的時刻。

八

那是個四月的早晨，日出前，穿越無雲透澈的黑暗，他再次看見遠方祖國那高聳鋒利、紫黑色的山脈，在墨色的海上挺拔著。自地平線另一端的流浪生活歸來，載著他的汽船後方，慢慢地透出玫瑰色的光線。甲板上，有外國人已急著想從太平洋上一見這最早、最美的富士山景——第一眼在曙光下所看到的富士山，此生或來世都令人難以忘懷。他們凝視著深夜裡朦朧的一排長長山脈，頂上星光依舊隱隱閃耀。此時富士山仍未露臉。「啊！」一名被問到的船員笑道：「你們看得太低了，要往高處看，再高一點！」他們接著抬頭，再抬頭，直到望向天空的正中心，便看見轉變成桃紅色的雄偉山峰，彷彿破曉時分不可思議的夢幻蓮花：這景象讓他們啞口無言。接著山上的萬年積雪由黃轉金，當太陽從地平線弧線上升，穿過黑暗山脈，穿過星群時，雪帽似乎又變成了白色。但巨大的山麓依舊不可見。夜色漸光，天空浸浴在藍色柔光之中，色彩從睡夢中甦醒；而此時在眼前打開的，是耀眼的橫濱灣及不見山麓的神聖山峰，像雪魅一般懸掛在無盡的蒼穹。

流浪者的耳邊依舊喊著「啊，你看得太低了，抬高，再高一點！」帶出一股悸動，讓他心中湧起了難以抗拒的無邊情感。接著一切再度變得朦朧：他看不見上頭的富士山，看不見下方由藍轉綠的山丘，看不見停泊在灣中船隻的人群。看不見現代日本的一切，他只看見昔日日本。散發著春天香氣的陸風吹向他，觸碰他的血液，而所有他曾遺棄並試圖忘卻的陰影，也從長期緊閉的記憶中跳脫。他看見祖先的面容：他知道他們長眠的聲音。他再次成爲他父親屋舍下的那位小男孩，在一處處明亮空間中來去，在搖曳著樹影的塌塌米上玩耍，或在庭園造景中凝視著淺綠幻夢。他再次感受到母親輕輕觸碰他的手，並指引他的小腳在祖先牌位前進行晨間禮拜。而這位男子帶著突然發現的新意義，呢喃著男孩般的純粹祝詞。

拾壹

微光中的佛像

「你對神像有研究嗎？」

「神像？」

「對，偶像，日本的偶像——就是神像。」

「一點點，」我答道：「但不多。」

「好吧，那過來，要看看我的收藏嗎？我收集神像已二十年，確實有些值得瞧瞧。它們可都是非賣品，除非大英博物館想向我收購。」

我跟著這位古董商穿越他店裡的珍寶，經過一塊鋪石空地，來到一個少見的大型土藏[36]。就如一般土藏，裡頭相當昏暗，我勉強從一片漆黑中看見上樓的階梯。他在階梯上停了下來。

「等一下你會看得比較清楚，」他說道：「我特別爲這些古董蓋了這座土藏，但現在已經快不夠放了。它們都在二樓。請上樓吧，注意，這樓梯有點陡。」

我上了二樓，來到一片昏黃之處，上頭的屋頂相當高。此時我發現自己正面對著衆神像。

在這土藏的昏黃之中，景象益發詭異——猶如進到幽冥世界。陰暗的空間中充滿羅漢、菩薩、佛祖，以及比它們還古老的神像。它們並非如寺院般按照階級排序，而是雜亂地隨意擺放，宛如沉寂的恐懼。幾顆佛像的頭、破碎的光環，或爲惘嚇或爲祈禱而舉起的雙手——從布滿了蛛網的牆上孔洞中，映照出的閃耀紛雜——我看見各種樣貌的觀音、許多名號的地藏王、釋迦牟尼、藥師佛、阿彌陀佛，及佛陀與衆弟子。它們非常老舊，上頭的繪畫

36／土藏：遠東通商港口的防火倉庫，其名源自馬來語的 gadong。

不完全是日式，也不屬於任何地方或時代——其外型來自韓國、中國及印度。應該是在早期佛教傳入的黃金年代裡，跨海購得的珍寶。它們有些坐在蓮花，且是靈界的蓮花上。有些則騎著豹、虎、獅或其他奇獸，象徵著雷光或死亡。其中一尊三頭千手、亦邪亦正的佛像彷彿於金碧輝煌中，在一群象陣拱托的王位上奔騰著。我也看見隱約供奉在火焰中的不動明王，摩耶夫人[37]則騎著她神聖的孔雀。在這些佛像裡，也有一些穿著盔甲的大名像及中國聖賢像混雜著，有如身處時代錯亂的地獄一般。那裡也有直上屋頂，背後插著雷電，看起來相當憤怒的巨大形體：將風暴人格化的四天王像，及廢棄寺院山門的守護神仁王像[38]。也有一些美豔的女神像，它們優雅輕盈的四肢坐在蓮花上，纖纖玉指細數著妙法。靈感可能源自某些被遺忘的過去，那些印度舞孃的風采。在倚著磚牆的櫃子上，我辨識出許多小型神像。在黑暗中閃耀著宛如黑貓之眼的鬼像，以及半人半鳥、有著老鷹翅膀及鳥喙的神像，即日本傳說中的天狗。

「如何？」古董商問道，他看著我臉上的驚訝表情自滿地咯咯笑著。

「很棒的藏品。」我回答。

他拍了拍我的肩，神氣地在我耳邊大聲喊著：「這可花了我五萬圓。」

但這些神像告訴我的是：儘管可能是東方雕塑師的廉價作品，但對被遺忘的信仰而言，它們價值非凡。它們也傳達給我：從前有數以萬計的信徒曾用雙腳磨出通往供奉這些神像的寺院道路；告訴我已故的母親們曾在寺院前

37／摩耶夫人：又稱摩耶王后，是釋迦牟尼的母親。

38／守護神仁王：又稱大力金剛神，傳說中是天界的守衛，也是佛陀的侍從。

懸掛童裝；告訴我數代的孩子曾被教導要在這些神像前誦經；告訴我它們曾有過無數的悲傷、祈願。數世紀以來對鬼神的崇拜隨著它們逐漸被放逐；在這滿布灰塵的空間，瀰漫著恬淡的薰香氣味。

「你知道它是什麼嗎？」古董商問道：「有人說它是裡面最精緻的。」

他指著一尊坐在三片金色蓮葉的神像。阿縛盧枳低濕伐邏——觀世音——風暴、憎恨與火炎均屈服於名下。惡鬼聞名退散。藉其名，眾人能如日輪般頂天。它四肢的優美及微笑中的嬌柔，宛如身處印度天堂之幻。

「這是尊觀音，」我答道：「而且它非常美麗。」

「有人願意出高價買下它，」他說道，並促狹地眨了眨眼：「這價錢對我來說夠高了！雖然我通常賣得十分便宜。有些人會想買下它們，但這交易必須私下進行。你應該也知道吧，這讓我有優勢。看見那尊角落的地藏王——

又大又黑的那尊?你認得出來嗎?」

「延命地藏，」我答道：「地藏，長壽之神，它的歷史一定相當久遠。」

「這個嘛，」他說道，並再次拍著我的肩膀：「原先擁有這尊佛像的人，因爲把它賣給了我，如今人在監獄。」

語畢他放聲大笑。我不確定這是因爲想起自己在交易時的過人機智，還是單純嘲笑賣家違法的不幸遭遇。

「結果，」他繼續說道：「他們想把它用更高價贖回。但我拒絕了。雖然我對神像一竅不通，但我起碼知道它們很值錢。這尊神像在國內絕無僅有。大英博物館會非常樂意收藏。」

「你打算何時將這批收藏捐給大英博物館?」我冒昧問道。

「這個嘛，我想先策個展，」他答道：「在倫敦辦神像展是有利可圖的。

倫敦人這輩子從沒見過這些玩意兒。你接著只要打點好他們，教會人員也會幫忙策畫類似展覽，因爲這有助於傳教。喊著『日本的偶像崇拜！』……那你覺得那個如何？」

我望向一尊小型金身赤子像，它佇立著，一隻細手指向天，另一隻則指著地——象徵誕生的佛陀。猶如旭日東升，他在子宮內散發光明……他站著走了七步，足跡宛如北斗七星。接著他以清晰的聲音說道：「此生爲佛，不再轉世。此生救贖，天上天下。」

「這就是誕生釋迦，」我說道：「這金身看起來像是青銅做的。」

「的確是青銅，」他答道，並用手指彈了銅像幾下，發出清脆的金屬聲。「光是這青銅材料的價值，就比我當初買進時高。」

我看著高度直逼天井的四天王像，想著《大品犍度部》[39]中描述祂們出現的場景：某個美麗的夜晚，四天王進入聖森中，周圍充滿光明。在莊嚴地與佛陀禮拜後，祂們分駐四方，宛如東南西北的四柱火炬。

「你是怎麼把這麼大的神像順利搬上樓的？」我問道。

「喔，我用拖的！這裡有一個天窗。但用火車把它們運來這兒才是個麻煩事。那是它們的第一趟火車之旅……但你看看，它們會讓展覽大放異彩！」

我四處張望，看見兩尊大約三尺高的木雕神像。

「你為何認為它們會大放異彩？」我天真地問道。

「你沒看到它們是什麼嗎？它們打從基督教受迫害時就存在了。日本惡鬼附身在十字架上！」

39／一種集結佛教戒律的匯編書籍。

雖然它們只是小寺的守護神，但腳下都有一組十字架式的支柱。

「有人跟你說過，這些十字架有惡鬼附身？」我大膽問道。

「不然它們在幹嘛？」他含糊其詞。「看看它們腳下的十字架！」

「但實際上他們不是惡鬼，」我強調：「而且那些十字架在它們腳下，只是爲了平衡罷了。」

他看來失望而不發一語。我因此對他有些不好意思。「附身在十字架上的惡鬼」一行字，若是作爲日本神像抵達倫敦時，其宣傳海報之文案，肯定會吸引大衆的目光。

「這個更美。」我指著一群美麗的神像——它是按照傳說所作，還是嬰兒的佛陀正躺在摩耶夫人懷中。菩薩毫無苦痛地從媽媽肚子裡出生，那天是四月初八。

「那也是青銅器，」他拿起來敲了敲：「青銅做的神像越來越少了。以前我們會將之買下，然後當作舊金屬賣掉。早知道我就留著一些！你眞該瞧瞧那時候從寺院裡搜到的青銅器——有大鐘、花瓶和神像！那時我們還試著買下鎌倉大佛。」

「爲了古金屬嗎？」我問道。

「對，我們算過金屬的重量，還組了一個聯合會。我們第一筆生意就賣了三萬圓。因爲有許多金器和銀器可收，我們能夠大賺一筆。僧人會想賣掉，但一般百姓就不會。」

「可是，那是世界珍寶之一，」我說道：「你們眞的已經把它拆了嗎？」

「當然，爲何不呢？不然還能怎麼做呢？你看，那尊看起來就像是處女，不是嗎？」

他指著一尊抱著小孩在胸前的女子金身像。

「是沒錯，」我答道：「但這是鬼子母神，喜愛小孩的女神。」

「人總是崇拜偶像，」他沉默了一會兒說道：「我曾在羅馬天主教堂裡看過許多這些玩意兒。宗教對我來說似乎普世皆然。」

「我想你說的沒錯。」我說道。

「佛陀的故事跟基督沒什麼不同，對吧？」

「某些角度是如此。」我同意。

「只不過他沒被釘在十字架上處死。」

我沒回答，並想到這段經文：「觀三千大千世界，乃至無有如芥子許，非是菩薩捨身命處。」我突然覺得這猶如絕對的眞理。因爲大乘佛教的佛陀既非釋迦牟尼，也非如來，而只是人們心中的佛性。我們只不過是永恆的蟲蛹：每一個都包含一個潛藏的佛陀，千萬皆同。所有人類都是潛在的佛陀，沉溺在幾代又幾代的色相迷夢中。當無我精神漸漸褪去，釋尊的微笑會讓世界再次美麗。每一次崇高的犧牲都讓人們覺醒的時間提早一些。誰又會恰巧相信（我想起數世紀來的無數人們）世上仍有一處地方，人會爲了愛與義務而犧牲自己呢？

我發現古董商的手再次搭在我的肩上。

「總之，」他愉悅地叫道：「它們在大英博物館會受到應有的尊重，對吧？」

「我希望如此。它們應該受到尊重。」

我接著想像，它們被禁閉在某個埋葬眾神的巨大墳場，在如豆湯般的朦朧雲霧之中，與被拋棄的埃及或巴比倫眾神關在一起，並在倫敦的喧囂中虛弱地顫抖著，這一切會有什麼結果？也許會讓另一位阿爾瑪—塔德瑪[40]繪出另一幅消失的文明；也許會協助創造出另一幅佛教英語辭典的插畫；也許會如桂冠詩人丁尼生「油膩且捲曲的亞述公牛」（oiled and curled Assyrian bull）一般，啟發未來某些桂冠詩人寫出驚人之名句。但它們肯定不會白白被隱沒。在相對不偏執、自私的時代中，思想家會爲它們傳授新的威望。每一尊由人類信仰所形塑的幻像仍是永遠神聖的眞理軀殼，這軀殼甚至擁有鬼魅般的力量。但這些佛像面容的親切柔和或冷淡靜謐，也許會對轉變成劣根性的信條感到厭煩，並渴望另一位西方賢者帶來靈魂的安寧：「無論高低，有德無德，墮落正直，抱持異端邪說，堅守信念眞善，一視平等。」

40／勞倫斯．阿爾瑪——塔德瑪爵士（Sir Lawrence Alma-Tadema，1836-1912），英國維多利亞時代畫家，作品以華麗手法描繪古代世界聞名。

拾貳

前世觀念

「若一比丘欲回想諸多前世——一世、二世、三世、四世、五世、十世、二十世、三十世、五十世、百世、千世、萬世——中的大小事，得沉靜心靈，得洞察事物，得獨坐專念。」——《中阿含經・願經》

一

假設有個慣於自省、並曾在佛教氛圍中生活過幾年的西方人。我若是問他：「東西方基本思想的不同之處爲何？」相信他會如此回答：「爲前世觀念。」它滲透在所有東方人民的精神之中，就像空氣流動般尋常：它爲每種情緒上色；它直接、間接地影響所有的行爲。甚至在藝術品的細節中，都能不斷看見前世觀念的徵象。其語彙不分日夜地在我們耳邊迴盪。人們的語句——家庭用語、俚語、宗教或對俗事的感嘆，及對悲傷、希望、喜悅、絕望的告解等等，都包含著前世觀念。它使得愛之語、恨之情有著相同的面貌。「因果」或「因緣」等詞彙（意指無可避免的業報）會自然而然地，以解釋、安慰或斥責的形式脫口而出。當農民艱苦地爬上某些峭路，手推車的重量拉扯著手臂的每條肌肉時，他會喃喃自語：「這是因果，所以要忍耐。」奴僕們鼓譟地彼此問著：「是何等因果使我現在跟你們同住？」無能、墮落之人由於因果受到報應；而賢者或善人的不幸，也能藉由因果得到解釋。犯人承認罪行，並說出「我犯罪時就知道是錯事，但我的業障比我的意志還要強大」之類的話；戀人因深信前世罪業使今生無法長相廝守，最終一同尋死；受到不公對待的受害者，試圖藉某些自覺——自己是爲了彌補某些前世過錯，必須在天道中贖罪——來平息幽怨之情。同樣地，提及靈性未來的文獻中也包含了過去的信念。母親會告誡愛玩的小孩，如果做錯事，來世就會變成其他父母的孩子。浪人或乞丐在接受你的惠施時，也會祈禱你來世幸福。眼花耳衰的年邁隱者則開心說道，那將至的死亡會給予他一副年輕的肉體。而「約束」一詞正代表「必然」的佛觀；而在日本，「前世」、「諦め（放棄）」、「服從」也經常出現在交談中，就像英國一般對話常說的「對」與「錯」。

沉浸在這種靈性的生活中，你會發現前世觀念已融入思想，並造成各種改變。所有前世觀念所指涉的人生思想——無論人們如何用心探索，那些初見時必然覺得奇怪的信念，最後都會失去那看似新奇、有趣的古怪特質，並呈現在十足平凡的外觀下。它將許多事情解釋得透徹，而從十九世紀的科學思維來看，一部分的它也相當理性。但公平論之，首先必須完全抹除西方對轉世的看法。因爲過去西方的靈魂觀念（例如畢達哥拉斯或柏拉圖學派）與佛教觀念十分迥異，恰好因為這些不同，使得日本信仰能證明自己是合理的。自古以來，東西方思想的差異就在於，靈魂的獨特性並不存在於佛教（單一的、脆弱的、膽怯的、透明的或鬼魅的）。東方的「我」並非個體。也非靈知派[41]所述「靈魂顯然是多樣的複合體」。它是無以名狀的複雜所聚集、組成的形體——也是在難以估計的前世中，濃縮創造出來的思維總和。

41／靈知派（Gnosticism）相信透過個人經驗所獲得的一種知識，並相信透過這種超凡的經驗，可脫離無知及現世。

二

佛教能解釋一切的能力，以及它與現代科學幾乎一致的理論，特別顯現在心理學領域。英國思想家史賓塞（Herbert Spencer）是其最偉大的探索者。構成我們心理學的，並非是西方神學從來都無法解釋的各種情感。那些情感，卻是讓嬰孩在看見某些面容時嚎啕大哭，或露出微笑的原因。那些情感，也造成對陌生人產生的好惡——所謂「第一印象」的排斥或吸引。而這第一印象，使得伶俐的孩子容易不加掩飾地表達自己的好惡。卽使大家都知道「不能以貌取人」，但沒有孩子會眞心相信這個道理。神學稱這些情感爲本能、直覺——這和那些特別創造出的假設如出一轍，只是將問題丟入生命的神祕之中。衝動、感動很可能不只是個體行爲，除了解釋爲著魔之外，在舊時正統的觀點上則只能解釋爲可怕的異端。但如今，我們大多數的深刻情緒都必然超乎個人。包含了被認爲是最熱情、崇高的那些人。而戀愛的個體性也被科學徹底否決。而事實上，一見鍾情等同於一見相恨：兩者也都超乎個人。所以那些春天時漫遊四處的曖昧悸動，與秋天時悄悄萌生的隱隱哀傷也是如此——從人們隨四季遷移開始，甚至是人類尚未出現的時代，這些情緒就留存至今。在平原或草原度過大半生的人，初次看見覆滿白雪的山峰時，也會感受到超乎個人的情感；內陸居民第一次凝望大海，並聽見如雷的海濤時也是如此。看見驚人美景，總帶著敬畏的欣喜之情，或者熱帶夕陽餘暉下，交纏著難以言喻憂鬱的讚嘆之心。這些都無法藉由個人經驗解釋。心理分析確實顯示這些情感異常複雜，並交織著多種個人經驗。但無論何種情感的深沉交織，都絕非個人所有：都是來自我們前世之外的先祖之海，那洶湧浪濤的拍擊。不過早在古羅馬哲學家西賽羅（Cicero）那時，就有一種如上所述，困擾人們心靈的特殊情感。不久後它便在我們的世代使人困惑——早在初次造訪前，就似曾相識的既視感。造訪外國市街或看見外國地景時，某些奇妙而熟悉的氛圍，帶著某種柔軟卻古怪的悸動進入我們心中，並留下一個遍尋不著的記憶當成最終解釋。無庸置疑，類似的情感偶爾會從記憶中再生、重組而眞實地發生。但當我們企圖藉個人經驗做解釋時，仍似乎是個不解之謎。

即使是最常見的情感，都有著我們西方人所無法理解的謎團——因爲抱持著所有情感、認知都屬個人經驗，及新生嬰兒的心靈是一張「白紙」[42]的愚蠢認知。因花朵芳香，或因某些色彩、音調感到愉悅；初次見到危險的凶猛生物時無意識激起的反感、恐懼；甚至是無以名狀的夢魘——都無法用那早已過時的靈魂假說來解釋。而這民族的某些感官，一如對芳香及色彩的愉悅，是何其深刻。這是艾倫（Grant Allen）在其著作《心理美學》（Physiological Aesthetics）及討論色彩感知的有趣論文中，最擲地有聲的推測。但早在這些作品之前，他的先師——最偉大的心理學家們，就已經證明經驗假說無法解釋許多心理現象。「也可以這樣說，」史賓塞觀察道：「就情感面而言，這甚至不符合一般認知。認爲所有欲望、情感，都是由個人經驗所產生的學說，根本就違背了事實。讓我不禁懷疑，誰會冒然接受這種說法。」史賓塞先生也告訴我們，雖然從前像「本能」、「直覺」這些詞彙並沒有眞正的涵義，但此後必會有所不同。本能在現代心理學中，代表「組織化的記憶」；記憶

42／白紙（Tabula Rasa）是英國哲人洛克提出的概念，形容一個人出生時的心理狀態就像一張白紙，而後學到的全是後天的經驗。

則是「初期的本能」，也就是輪迴之下一世所繼承的印象總和。如此一來，科學體認到記憶的遺傳：並非源自前世那虛無的記憶細節，而是藉由遺傳神經系統、結構的微小變化，隨之細微起伏的心理狀態。「人腦是無限經驗的組織化場域。而那些經驗的獲取，若非經過生命演進，就是透過人類已達成之一系列的進化循環。這些最獨特卻尋常的記憶已經成功傳承，並緩慢發展成高度智力（潛伏在嬰孩腦中），讓嬰孩長大後可以活用。也許能用之得到力量或變得更複雜——皆會日漸地累積，再遺傳至後代」。如上所述，我們在前世觀念及多重自我的領域，擁有穩固的心理學基礎。每一個人的大腦，無疑都在探究著傳承的思想、和各種絕妙的經驗。但這個理論，過去卻沒有在唯物面被證實。因爲科學會摧毀唯物論：科學已證明物質難以理解，並已坦承心智的神祕沒有解答，就算假設心智有著近乎極限的感官也是一樣。因爲比我們老數百萬年的純粹情感，無疑已建立起人類所有情緒及能力。因此科學與佛教相同，承認「我」的複合體；且科學如同佛教一般，藉由過去的心理經驗解讀現代的心理謎團。

三

對許多人來說，「靈魂爲無數複合體」之觀念似乎無法在西方宗教思維中成立；儘管身處佛教國家且有佛經的文證，但無法拋棄自己舊神學觀的那些人仍認爲，一般人民的信仰是奠基於「靈魂爲獨立存在的個體」的觀念上。日本卻提供一個絕佳的反例。未受過教育者、從未研讀佛教哲學的窮困農家子弟，都相信自己的複合體。更具代表性的是，原始的信仰，神道教中亦存在相同的教義，儼然具有中國、韓國思想的特徵。似乎所有的遠東民衆，都深信靈魂是複合的：無論在佛教思維裡，或在神道教的原始思維中（一種鬼魅的分裂繁殖說），或於中國星相學所述的荒誕概念內。在日本，我已徹底明白這道理是普遍的眞理。在此不必引用佛經，因爲這尋常的信仰（且非教條哲學），已能證明宗教狂熱能與靈魂複合體的觀念並存一致。無論是佛教哲學所言之觀念、或爲西方科學證實的學說，日本農民肯定不認爲靈魂與之同樣複雜。而他將自己當成是一個複合體。他認爲在心中善惡動念的拉扯，就像是構成「我」之許多神祕意志的爭奪。靈性上，他希望將較善的那面從惡的那面脫離出來，即涅槃或最高極樂。唯有透過留下心中最善的部分才能到達。也就是說，他的信仰基於對心靈進化的自然觀點，並不像西方人的傳統靈魂觀那般遠離科學。即便他對這些抽象觀念似懂非懂又缺乏系統，但自然而然，他卻十分淸楚它的特徵及傾向。且他對信仰的虔誠，抑或信仰所帶給他的影響，都毋庸置疑。

無論信仰發生在教育階級的何處，同樣的概念都會得到定義及綜論。例如以下兩段，是分別在二十三歲、二十六歲的學生所撰的文章中各自節選的一段話。雖然篇幅不長，但已足夠說明我的看法：

沒什麼比宣稱靈魂不死還要愚蠢。靈魂是複合的。而且雖然其元素得以永恆，我們卻都知道它們絕對無法以相同手法再次結合。所有複合體都必須依不同情況改變其特徵、狀態。

人類生命是混合的。能量的合成造就了靈魂。當人死後，他的靈魂若非保持不變，就是根據它結合的狀況而有所變化。有些哲人會說靈魂不朽；有些則認爲有其盡頭。雙方都沒錯。靈魂不朽或有盡頭與否，取決於與它結合的對象。組成靈魂的基本能量的確不朽；但靈魂的本質，卻得由能量進入後所造出的特徵來決定。

乍看之下，這兩段話所闡述的觀念會讓西方讀者誤以爲是無神論。但事實上這些觀念能與最虔敬、深遠的信仰並立共處。它如同英語的「靈魂」，卻非我們所認知的錯誤印象。這兩段話中傳達的「靈魂」，意指包含善惡且近乎永恆的組合——不僅是因爲它是複合體的事實，更是由於那靈魂發展的永恆法則將它摧毀殆盡。

四

前世觀念在東方數千年的思想中已占有重要地位，今日卻無法在西方發展。其原因顯然是西方神學。但若認爲「神學成功讓西方人打從心底厭惡前世觀念」也不盡然正確。基督教義認爲每一個獨特靈魂皆爲無中生有，並裝在每一個新生的肉體中，所以不相信前世之說。但一般常識卽認爲此說和遺傳現象互相矛盾。同樣地，雖然神學認爲，動物只不過是被所謂「本能」的奇妙機器所驅使的自動木偶，但一般人卻認爲動物有理性的力量。流行於上個世代的本能直覺理論，現在看來則顯得野蠻。一般認爲它們無法助於理解，但作爲教條，卻可用來檢視理論並預防邪說。在這世紀之初，大詩人華茲華斯（Wordsworth）的〈忠貞〉（Fidelity）及他被大大過譽的〈不朽的暗示〉（Intimations of Immortality），證明了西方對這些主題的膽怯及拙見。狗兒對主人的愛，確實「偉大得超乎人們預期」；童年的鮮明情感，肯定是某種比華茲華斯的宗教觀更爲精彩、更爲不朽的暗示。但華茲華斯從未想過，他的著名詩句正巧被莫萊[43]批評得一無是處。心理遺傳與本能的眞實本質，或生命之共通性等諸如此類的理性觀念，在神學衰敗以前皆無法贏得普遍認同。

隨著教義認同的進化，老舊思想漸漸崩解；新觀念如雨後春筍般，取代了破舊的教義；而如今，我們擁有與東方哲學巧妙平行發展的智識運動。這近五十年間，史無前例並極其快速的多元科學發展。就連不懂科學的人們，也被激發出一股絕無僅有的智識狂飆。最高階且最複雜的生物，卻是從最低階而最簡單的有機體發展而來；單一物質基礎是所有生命世界的基礎；動物與植物無法完全區分；生物與非生物的差異，僅在於程度，而非種類；物質並不比心智難懂，因爲兩者根本上相同，都同屬未知——這些觀念都已經成爲新哲學的普遍認知。我們可以大膽預測，在神學首次體認到物質進化後，很快地，心靈進化就會被接受，因爲用來阻止人們回顧的舊教條高牆已經倒下。而如今對科學心理學的學生而言，前世觀念也不再是理論，而是事實，證明佛教對這普世謎團的解釋和其他學說一樣合理。「只有思考草率的人，」已故的赫胥黎教授如此寫道：「會荒謬地因爲遺傳學而拒絕前世觀念。如同進化論，前世輪迴在現實世界也有其根據，並可作爲類似爭論的有力支持。」

這份赫胥黎教授的支持如今非常有力。前世觀念，並非指單一靈魂能在數百萬年間從黑暗到光明，或從死亡至重生；前世觀念的主要哲學，也幾乎與佛陀本身如出一轍。在東方信仰中，心理人格就像是個別肉體，是一個注定消逝的總和。在此指的心理人格，不同於心靈——在「我」、「你」之間

43／約翰．莫萊（John Morley，1838-1923），英國政治家。曾任記者、報刊編輯和國會議員，最高職務任至印度事務大臣、樞密院議長。

的差異，卽所謂「自我」。對佛教而言，這不過是一時的幻象，而「業」正是其源頭。轉世而來的也是業（所有無數前世行爲、思想的總和）。每一世，每一世的每一世，都是某些巨大靈性系統的加減總和，而且會互相牽連。彷彿磁力，業會從一個身體轉移到另一個身體，從一個現象轉移到另一個現象，並按總和來決定果報。至於業所集成、創造出的結果，佛教徒認爲它最終的謎團仍不可得知；叔本華宣稱「貪愛」所造成的結果（卽生命之欲望），符合他所謂的「生存意志」。如今我們可以發現，史賓塞的「生物學」與這觀念有著有趣的相似之處。他透過對立理論解釋習性及變異的發展——此理論和「貪愛」的佛教理論，兩者在心靈上十分相近。業或遺傳，貪愛或對立，都難以說明它們的最終本質：佛教與科學在此合而爲一。值得注意的是，兩者皆在不同名詞下承認相同的現象。

五

透過驚人的複雜方法，科學竟微妙地與東方古老思想達成和諧的共識。這卻也開啟了另一個問題：西方大衆的心智能否清楚理解這些結論？肯定的是，就如同佛教思想唯有透過形式才能傳達至多數信徒，科學哲學也只能透過推論與大衆溝通——包括事實的推測、眞理的排列等，思緒清楚的人必然會受到這些吸引。科學的發展歷史也證實科學方法是有效的。而且高階科學的發展仍比一般人的理解更快，所以無法完全證明「科學理論不爲大衆所接受」。行星的規模及重量；星球的距離與構造；地心引力法則；光、熱、色的意義；聲音的原理；以及其他許多科學發現，都爲那些不明就裡的無知人們所熟悉。我們再一次得證，這世紀的每一個重大科學進步，都伴著大幅變遷的普羅信仰。雖然教堂仍堅持靈魂特別論，但卻已接受物質進化論。在不遠的將來，我們也不樂見墨守成規及知識倒退的景象。我們期待宗教觀念的進步。它很可能快速發酵，而非慢慢醞釀。確實無法精準預測它們的本質，但既有之知識潮流則暗示著：即使不是爲了將實體論設限，心理學的進化也會不斷被接受。最終「我」的整體概念也將透過前世觀念的發展而煥然一新。

六

針對這些可能，許多思慮被大膽提出——那些視科學爲破壞而非改造的人們或許不會接受。但這些思想家，忘記了宗教情感遠比教義深刻；也忘記宗教情感讓諸神及所有形式的教條得以存活；也忘記宗教情感唯有透過拓展智慧才能得到力量，並使其更深更廣。研究進化論只會得到宗教終將滅亡的結論。但宗教是一種情感，甚至是一種形如人腦或星辰的未知信念。而且「將徹底滅絕」的概念目前仍難以使人理解。科學辯證只會在現象的錯誤詮釋中出現，而它只會擴大宇宙的神祕，並證明細微萬物巧妙卻又難以理解。這科學潮流無疑將擴展信仰，並證明西方宗教觀念將有前所未見的改變。西方的自我概念，將會順著類似東方的自我概念而運作；目前對於個性及獨特性，所有形上而細微的概念也將消失。大眾對遺傳學漸增的理解，如同他們在科學中所得到的，最終將會抵達一條康莊大道。因心理學進化之謎而卽將展開的爭論之中，普羅大衆會以最小的抵抗來跟隨科學的腳步。而幫助它向前的，肯定是遺傳學的研究。因爲有些現象雖無法被解釋，卻與一般經驗相似，並能爲許多古老謎團提供部分解答。或許我們能假想一個由哲學全力支持的西方宗教，其概念比佛教更爲精確，也認爲靈魂是複合體，並教導人們新的靈性法則——恰似「業」之意義。

然而，將會有許多人反對這一說法。這樣的轉變會被忽略。在他們眼中只有突兀的征服及思想的取代。「這世界，」史賓塞認爲：「並非被觀念所主宰，而是情感。觀念只能作爲指引。」但一如上述，轉變的觀念要如何與西方普遍認知下的宗教情感，及宗教情感主義的力量相互協調？

前世及多元靈魂的觀念，是否眞與西方宗教情感對立，目前尚無令人滿意的答案。但它們眞的如此敵對嗎？前世觀念絕非如此，至少西方人已經準備接受它。的確，將「我」視爲複合體的概念注定會瓦解，這似乎比物質終將絕滅的想法要好一些——對那些墨守成規的人而言，至少是如此。然而客觀的反思將說明，害怕「我」的崩解是因爲缺乏情感上的理由。雖然出於無意，但事實上無論基督徒或佛教徒都異口同聲地祈禱著它的崩解。畢竟誰不希望擺脫自己不好的個性呢？或容易犯蠢、犯錯，或容易禍從口出、犯下惡行——諸如此類的缺陷，仍緊跟在高尚人物之後，並拖垮他偉大的理想。而我們所期望的分離、消滅、死絕，比起實現崇高理想那更爲強大的能力，則更加不屬於心靈遺產及眞實自我的一部分。與其說它將會結束在恐懼之中，「我」的崩解應該是我們努力扭轉的目標之一。自我最善的元素將渴求更高的連結，以進入越來越偉大的結構，直到至高神示的出現。就連新哲學也無法阻止我們如此期盼。我們得以透過無盡之幻視——透過所有自我的消逝，察覺到絕對的眞實。

雖然我們明白這些要素的本體是持續進化的，但我們仍無法證明萬物終將一死。我們現在的樣貌，肯定也是我們過去與未來的面容。我們已在無數進化及無數宇宙的興衰中存活了下來。我們知道全宇宙皆被法則所支配。行星內部的物質爲何？又爲何感覺到刺眼陽光？花崗岩、玄武岩內藏著什麼？抑或動植物的繁衍奧祕——都絕非偶然。若能大膽地依此類推，那每一個極小個體的過往今來，便能像佛教「業」的教義一般，無論從心理、物理上皆微妙地有了答案。

七

科學所致的影響，不會是改變西方宗教信仰的唯一因素：還得考慮東方哲學。梵語、華語及巴利語的學問，及所有東方哲學家的諄諄教誨，皆使歐美快速熟悉東方的所有偉大思想。佛教正在西方興起一股研究風潮，而這些研究成果年復一年，日漸帶給他們至高文化的心靈產物。但在那段期間，哲學受到的影響並不比文學顯著。自我問題的再思考正入侵西方心靈的種種證據，不只能夠在當時的思想散文中發現，甚至也出現在詩歌及小說。不可能出現在上個世代的思維正在改變當代觀念，摧毀老舊品味，並發展爲更高層次的思潮。更崇高的靈感所帶來的創作，正訴說著嶄新而敏銳的情感，及至今仍無法想像的痛苦，甚至是驚人且深沉的精神力量。諸如此類的藝術，也許就存在於體認到前世觀念的文學中。我們也許在閱讀小說時，理解到自己只活在地球的某一半，而且只想了一半；又或發現自己需要一個綜觀前世今生的新信仰，使情感更加豐沛，以對抗眼下強大的那一半。而「自我爲複合體」這清楚辯證，雖然看似矛盾，卻是邁向「衆則一、生則一、無有限、有無限」等浩瀚信念的一大步。「想像自我爲獨一無二」的自大盲目若尚未瓦解，抑或自我與執念的情感未徹底碎裂之前，西方人永遠無法看見寬廣如宇宙、無窮無盡的自我知識。

我們過往單純的情感，無庸置疑地，早在「將自我視爲唯一」的信念形成以前就已發展出來。雖然這謎團仍未解開，但自我的複合本質終將被承認。科學假設了心理元素與生理元素，而其中之一必將挑戰數學的極限，並將自己沉沒在全然幽冥之中。化學家爲了研究，必須想像出一個原子，但這想像的原子只是一個事實的象徵，又或許只代表一個力的中心，如同佛家觀念中的無、渦、空。「色不異空，空不異色，色卽是空，空卽是色。受想行識，亦復如是」。因爲科學和佛教都像是宇宙，將自身化爲一大泡影——一個虛無且不可測的力量罷了。無論如何，佛教信仰則用自己的方式解答了「從何而來」、「往何處去」這兩個問題；且在每一次進化輪迴中，預言了某段時間的心靈拓展；讓前世記憶復甦，在眼界大開的同時也發展著未來。科學在此卻沒有進展，它的無聲是靈知派的沉默——沉默女神席姬（Sige），奈落之女，及靈鬼之母。

或許帶著全盤的科學觀點，西方人堅信那著驚人的啟示正等待著自己。在最近這段時間，新的情感、力量已被發展出來——音樂情感，及數學家不斷成長的能力。可以合理地預測，西方人的後代仍會發展出難以想像的能力。同樣眾所皆知的是，某些來自遺傳的心智能力只在老年發展，人類的平均壽命也正在穩定增加。隨著越來越長壽，及更聰明的未來頭腦，也許就能夠追憶前世。佛教的幻夢難以被超越，因爲它們碰觸到永恆。但誰又能斷定它們無法被實現呢？

備注

也許需要提醒讀者諸君，後續我雖然擅自將「靈魂」、「自己」、「自我」、「輪迴」、「遺傳」等佛家哲學詞彙完全轉譯為英語，但其實佛教中並沒有英語「Soul—靈魂」一詞的概念。「Self—自己」則是一個幻影，或像一束幻影。而將靈魂從一個人身上轉移至另一人的「Transmigration—輪迴」一詞，在佛典中卻被清楚否定。因此，業障思想與遺傳學本質上並不相似。「業」所指涉的事實，並非意指同一複合的個體，而是它重組成另一個新複合個體的傾向。新的個體不一定為人類的形體：業並非由父傳子；而是獨立於遺傳線之外，但它決定了生命的面貌。乞丐的業體可能會轉世到國王，反之亦然。但無論哪一種輪迴情況都已由業力事先決定。

有人會問，那麼在每個恆定的生物體內，其心靈構成又是什麼？那麼業力的心靈中心，是什麼力量使之不離正道？如果靈魂與肉身皆爲此生之組合，而業（只限此生）是性格的唯一來源，那佛教教義的價値、意義又是什麼？業障的報應是什麼？在幻影中使其進步、達成涅槃的又是什麼？難道不是「自己」嗎？在英文詞彙中卻不能如此解釋。我們所謂的「自己」，實際上被佛教否認。那形塑並消解業的、那爲了正道的、那抵達涅槃的，都並非我們西方認知的「自我」一詞。那麼它到底是什麼？卽各人之佛性，卽日語中「無我的大我」。除此之外，沒有其他的自己。被困在幻影中的自己，是所謂的「如來藏」——一如仍在子宮、尚未出世的佛陀。每個人心中都潛藏著永恆。這就是眞實。其他的「自己」都是虛假、是僞裝、是泡影。佛教的「死滅說」象徵幻象的死滅。而那些情感、情緒及想法只屬於此生肉體，且是造成複雜、虛幻之「自己」的幻象。透過將虛僞的自己全面分解——猶如掀開面紗，隨之而來的是無邊的洞察。「靈魂」並不存在：所有無盡之靈魂正是萬物永恆的唯一法則——其他皆如幻夢。

到達涅槃後又會如何？根據一門佛教宗派，在得道成佛後，由於潛在的傾向——於是到達涅槃成佛之後，便能返世。而根據另一宗派，其獨立性則勝於潛在性，但又非西方所謂的「肉體」。有個日本友人說道：「我拾起一片黃金，形容此爲一片。但這只代表它在我的視覺感官上看起來是一片。然而，組成它的許多原子確實各有不同，且分別獨立於其他原子。而成佛時，則是被無數心靈原子所集結。它們成爲一體——但每一個原子卻又各自獨立。」

在日本，原始的宗教卻已影響普遍的佛教信仰，所以日語「自我觀念」

的說法並沒有錯。然而，這得將一般的神道思想一起列入考量。神道的靈魂概念極其明確。但這靈魂概念是多方的——而非只是「一束感官、知覺，及意志」，就像是業體，是由許多靈魂而結合而成，一個有如鬼魅的性格。亡者的鬼魂也許會以一個、或是多個的型態出現。它可以自我分化，且每一個分靈都能保有各自獨特的行為。但是這種分化似乎只是暫時的，各種複合體的靈魂也會在死後自然結合，並在自發性的分化後再度聚集。

大部分日本民眾都信仰著佛教和神道教，但若是論及了「自己」觀點，後者肯定更有影響力；即使這兩種宗教相互交融，仍十分具有辨識度。或許是它們自然而簡單地向民眾解釋業障教義的難題，但我在此並不打算詳述。我們也觀察到，在神道教及佛教當中，「自己」並非由親傳子——並非只是仰賴生理血脈的遺傳。

這些事實指出在前文的討論中，東西方有著極端差異。它們也表示這形上的普遍觀念確實存在，就在這東方奇特的信仰組合、與十九世紀的科學思維之間。然而，運用「自己」的相關著述而形成之嚴密哲學，卻無法啟蒙這樣的普遍觀念。的確，沒有一個歐洲字詞能清楚表述專屬佛教哲學的佛教語彙。

赫胥黎教授在〈感覺與傳導感覺器官的統合構造〉（Sensation and the Sensiferous Organs）寫道：「最極致的分析顯示，若單就意識面，感覺卽等同於傳導感覺的無意識行爲。但如果再深入問道，我們對行爲及動作知道多少？實際上，我們所理解的動作是一種變化，連帶著我們的視覺、觸覺、肌肉感覺；至於行爲，我們則知道它是身體現象的假設物質，而其假設與心理物質的假設相同，全爲形而上的推測。」我們或許不該脫離如此清楚的立論。

但由於世間萬物仍超越人類知識所能觸及的科學範圍，因此，形而上的思考便不會停止。沒有了它，宗教信仰就無法進一步進展；而缺少進展，宗教就無法與科學思維和諧並進。因此對我而言，形上思考不只是正當的，也十分必要。

無論我們接受心靈物質之說與否；無論我們如何透過未知的腦細胞而擁有想法，彷彿音樂透過風琴簧片不絕地奏出；無論我們如何看待動作本身，這腦內構造所獨有、與生俱來的特殊模式——當中依然奧妙無比；並且，佛教仍是一個充滿崇高道德的有效假設，與人類的理想、道德之進步深入地調和。無論我們是否相信那名爲物質宇宙的現實，尙未解開的遺傳法則（以及非專門化的生殖細胞中，種族及個人性向的道德意義）依舊佐證著「業」的意義。無論意識如何形成，都與過往今來有著緊密關係。同樣地，涅槃的觀念也不斷得到思想家的尊崇。科學已然發現物質即爲進化之產物，與心靈相當——我們所言之「元素」，已經從一種尚未分化之物質演變而來。而這些證據，令人驚奇地聯想到某些佛教觀念中的事實，發散、幻象——有形皆來自無形、所有物質現象皆源自非物質的複合體，萬物終將回歸「無情慾、無惡意、無倦怠狀態——獨立刺激也將不復存在」，即所謂『太虛』的狀態。

拾參

霍亂流行

一

最近中國的盟友就像是聾了、瞎了，對任何事毫不知情，對和平或者條約尤其如此。日軍緊接著歸國，他們侵略了勝戰的帝國[44]，並在暑期殺害將近三萬名百姓。殺戮仍在，火葬柴煙依舊不散。有時柴煙、薰香會順著城後山丘隨風吹入我的庭院，讓我想起：若要火葬如我身型相當的遺體，得花上八十錢——大約是當時五角美元。

從我家樓上陽台往外望，可一路從整條日本街道，整排小商店，將視野延伸至海邊。在各種街舍之外，我看見一群送往醫院的霍亂患者——（這個早上的）最後一個是我的對街鄰居，經營著陶器店。即使他家人又哭又鬧的，他還是被迫隔離。因爲衛生法規定不得在私人住家內治療霍亂。由於公共霍亂醫院人滿爲患又缺乏管理，且病患將被完全隔離，因此雖然會遭受罰款和其他處分，人們仍試圖隱瞞病情。但通常警察不會輕易受騙：他們很快就找到知情不報的病人，然後帶著擔架及挑夫前來。這看似殘忍，但基於衛生法規只能如此。我鄰居的妻子在擔架旁痛哭不已，直到警察逼著她回到那空曠的小店。小店已關門大吉，並可能再也無法開張。

如此悲劇來得快去得也快。喪親的家屬一等到法律解禁，便丟下他們寒酸的家當一走了之。街上日常仍舊運行，日日夜夜，好似什麼都沒發生過。攤商帶著竹竿或竹籃、竹籠或竹筒，經過空蕩的房舍，慣常地發出叫賣聲；僧人誦經托缽化緣；盲人按摩師吹著哀傷的笛音；巡夜者在溝板上打著鐘；

44／此處所指應爲日俄戰爭。

販售糕點的小童依舊敲著鼓，用既哀傷又甜美的嗓音，宛若女孩般唱著戀歌：

「你和我　我在此已久，但返家時仍歸心似箭。」

「你和我　我仍想起那杯茶。其他人也許會以為是宇治的新茶或舊茶。但對我而言是那黃如山吹花的玉露茶。」

「你和我　我是電報發送員，你是等待電報的收信人。我送出我的真心，而你欣然接收。如果電線杆倒，電話線斷，該如何是好？」

孩子照常遊玩。他們帶著嬉鬧聲互相追逐；他們又唱又跳；他們抓著蜻蜓並將牠綁在長線上；他們唱著斬下中國人頭顱的軍歌：

「鍘鍘，砍下和尚的頭吧！」

也許他們的其中一人會就此消失，但其他孩子仍繼續玩耍著。這就是智慧。

火葬一具孩子的遺體只要四十四錢。幾天前，我鄰居的兒子被送去火化。那孩子經常把玩的石頭如今攤在陽光下，如同離開父母的他……孩子喜愛的石頭眞是不可思議！石頭不只是貧困孩子的玩具，也是當時所有孩子的玩具：無論他們有多少玩具，每位日本孩子偶爾都會玩起石頭。在孩子心中，石頭是塊驚人的玩意兒。理應如此。在數學家的思維中，也沒什麼比得上一塊石頭。小頑童總認爲石頭不只是一塊石頭，他這推論眞是棒極了，而且，如果沒有一個鄉下老粗告訴他「這根本不算是玩具」，他還會一直玩下去，並不斷在其中找到又新又厲害的點子。博學多聞之人才能回答孩子所有關於石頭的問題。

根據民間信仰，我鄰居的亡兒現正在賽之河原[45]中玩著鬼魅般的小石頭——也許他正納悶這些石頭爲何沒有影子。有一首描寫賽之河原故事的詩句，靈感正是出於這絕對自然的狀態——孩童過世後仍繼續玩著石頭。

二

菸斗小販習慣挑著一條有兩個大籃子的扁擔沿路叫賣：其中一個籃子，裝著各種直徑、長度、顏色的竹管，裡頭還有各種將竹管裝上金屬菸斗的工具；另一個，則裝著一個嬰兒，那是他的孩子。有時我看到那孩子偷偷張望，對路人笑著；有時我看見他全身包裹毯子，在籃中熟睡；有時我則看見他玩著玩具。我聽說，有許多人給過他玩具。其中一個玩具與牌位有巧妙的相似，爲此我總是觀察籃子裡的情形，無論他是睡是醒。

某日，我發現菸斗販不用他的擔子了。他推著一個剛好能容納商品及孩子的手推車穿過街上，那推車一定是爲了將孩子、貨物分開而特別設計的。也許孩子已長得太大，所以只能用這種相對原始的方式運送。在推車上飄著一幅白旗，上面寫著「煙管羅宇替（更換菸管）」及「懇求協助」等句子。

45／賽之河原，是比雙親早亡的子女，爲其不孝而受苦的場所。這些子女爲完成雙親的供養，會在賽之河原堆積石之塔。但鬼魂會一直破壞，因此始終無法完成。

孩子則似乎健康又快樂。而我又再次看到那之前時常吸引我注意，類似牌位的東西。現在它被綁在一個高箱子上。但當我看見推車逐漸靠近時，我突然明白那塊板子確實就是牌位：太陽直射著它，顯現出其上的佛經文字。這引起我的興趣。於是我請萬右衛門告訴那位菸斗販，說我們有許多菸斗需要替換竹管——這倒是眞的。推車最後停在我家門前，我便得以一探究竟。

即使面對的是一張外國臉孔，那孩子並不怕人。他是個漂亮的男孩。他邊笑邊喃喃自語地伸著小手，顯然習慣對人撒嬌；而我趁著與他玩耍，仔細地研究那塊板子。

那是塊眞宗的牌位，上面寫著一個婦人的戒名，萬右衛門爲我翻譯：「在豪宅中享有崇高地位，明治二十八年三月三十一日。」同時，一名僕人拿著一根要換上新竹管的菸斗過來，我於是望著那忙於工作的匠師面容。那是一張已過中年的臉孔，嘴邊蔓延著憔悴且富有同情的皺紋，嘴上的微笑已乾涸，這也是許多日本人認命、溫文，且難以言喻的表情。此時萬右衛門開始問起問題。大概只有壞人才會拒絕回答吧。在那親切、純眞又蒼老的頭顱後方，我想我不時看見光芒——那是菩薩之光。

菸斗販以說故事的方式回答問題。男童出生兩個月後，他的妻子便過世。她臨終前說道：「我死後整整三年內，我懇求你別讓那孩子離開我的靈魂：別讓他離開我的牌位，這樣我也許能繼續關愛他、照顧他，這原因你最清楚了，因爲他還得再喝三年母乳。這是我的遺願，拜託你了，千萬別忘記。」但母親死後，他無法一邊工作，一邊照顧需要日夜關注的年幼孩子。而且他太窮困，無法聘請保姆。所以他開始賣菸斗，這樣便能寸步不離他的孩子，又能一邊謀生。他買不起牛奶，但他用米粥和水飴餵了孩子一年多。

我說那孩子看起來相當健康，缺乏牛奶似乎毫無影響。

「那是因爲，」萬右衛門用一種近乎斥責的口吻說道：「他的亡母照顧著他。他又如何需要牛奶？」

那男孩笑得十分柔和，彷彿他早就知悉那冥冥中的照料。

拾肆

關於祖先崇拜的二三事

「阿難！拘夷那竭末羅族之惒跋單沙羅林之周圍十二由旬間，無容一兔毛端，皆為大威神力之諸天占據。」——《大般涅槃經》

一

各種祖先崇拜的低調形式，仍存在於某些高度文明化的歐洲國家。而這事實並不廣爲人知，所以衍伸出這類想法：禮俗尚未開化的非亞利安人種，宗教觀必然十分原始。批評日本之人既有的草率認知，承認了自己無法將日本科學進步的事實、日本先進教育系統的成功、日本祖先崇拜的延續，三者聯想在一起。神道信仰要如何與現代科學知識並存？一位科學專家，怎能依舊在家擺放神桌，或在鎮守明神前鞠躬行禮？在信仰消逝後所保留的形式之外，這是否有更深層的含意？這是否表示若隨著更高的教育，神道即使變得拘於禮節，最終也不復存在？

提出如此問題的人，似乎忘記了類似的問題也曾出現在西方信仰將延續與否的類似疑惑中。比起東正教，神道教確實不是與現代科學最爲對立的信仰。以公正的角度來看，我甚至會大膽地說，不僅是單方面，它們在許多地方都相當和諧。神道教義與我們的正義觀念少有衝突，類似佛教的「業」，提供了與遺傳學相當的強烈類比——證明了神道教包含眞理，且一如世上偉大宗教的眞理般深奧。神道教中，那獨特的眞理以最簡單的形式闡述，神道教相信世上所有生者，均被世上所有亡者統轄。

人類的所有行動或想法，都是神的傑作；所有亡者均得道成仙。這些都是神道教的基本觀念。但要記得的是，「神」一詞雖可詮釋爲神性、上帝等英語詞彙，但實際上並不能如此解讀：它甚至也非指涉古希臘、羅馬信仰的詞彙。「神」意指「天上」、「優等」、「高級」、「出衆」等非宗教概念。在宗教上指的，則是一個在死後擁有超自然力量的人類心靈。亡者是「天上力量」、是「高級生物」，也就是「神」。所以我們有一個十分類似於現代鬼魅的神靈學概念，但神道教的眞實意涵卻不那麼大衆化。神道教的神，是地位、力量各有不同的幽靈——像古日本社會的階級制度，有其靈性階級之分。雖然在某些地方超越生者，但生者依然能讓這些「神」愉快或不滿，高興或動怒——甚至影響祂在靈界的境遇。因此，日本人絕不拿死後祭典開玩笑，而是認眞以待。例如今年（一八九六年），幾位有名的政治人物、軍官死後，其位階便立刻被升高。我也在官報中讀到：「陛下最近爲在台灣過世的男爵山根少將，追封二等旭日勳章。」如此恩澤不能只看作爲了光耀英勇愛國者的形式，也不該認爲這只不過意圖表彰其遺族。它們卻是神道教的本質，且是可見與不可見世界緊密相連的實例。這也是在所有文明國家中，日本特殊的宗教性格。

在日本人思維中，亡者與生者同樣眞實。祂們參與生者日常，分享最謙遜的喜悲。祂們參與家族用餐，守護家庭幸福，協助並樂見後代興旺。祂們出現在遊行行列、神道祭典、武術競技，及所有特別爲了祂們舉辦的娛樂活動。一般認爲，祂們會因爲獻納的供品而感到喜樂。

這篇短文的目的，在於充分探討將亡靈視爲「神」的觀念，而不企圖區分「神」與創造國土的原初神明。在通論「神」的概念之後，我們接著回到「認爲所有亡者仍居住，並統治著現世」的神道教。這不只影響日本人的想法及行爲，也包括自然界的狀態。「祂們引導四季變換，」本居翁[46]寫道：「祂們帶來風雨，及國家個人的幸與不幸。」簡言之，祂們是所有現象之後那看不見的雙手。

二

這古代心靈學最有趣的次理論，是認爲人的行爲、念頭都是源自亡者的影響。沒有一位現代思想家會認爲這個假設不理性，因爲它可從心靈進化的學理中得到辯護。就此看來，每一個生者的心智都代表由無數亡者所構成的產物——每一個性格，都是或多或少、比例不同的無數亡者善惡經驗之總和。除非我們也否認心理遺傳，否則我們就無法否認我們的念頭、情感，及透過情感進化的更高能力，確實是由亡者所形塑，並從亡者傳承。我們心智行為的大略方向，甚至也是由傳承而來的特殊能力決定。這樣看來，先人確實是我們的「神」，我們的所有行為也的確受其影響。我們可以象徵性地說：每一顆心都是一個鬼魅的世界──比恆河沙數的神道眾神，還多上許多的鬼魅。而影響大腦思維的那鬼魅，就完全印證了中世紀學者最瘋狂的幻想──認為一群天使能站在針尖上[47]。科學上，我們知道人體細胞也許儲藏著一個種族的全部歷史，也就是過去數百萬年來的情感。那甚至可能是數百萬個消

46／本居宣長（1730-1801），日本國學集大成者。他將日本古代史書《古事記》中的創世神話奉為經典，追求以「神道」為代表的日本文化精神。

47／當時中世紀的經院派哲學家，曾討論「不具有質量、形象的天使能否同時站在針尖上」的問題。

失天體的總和，但誰又知道呢？

單就站在針尖上的能力而言，惡魔並不會輸給天使。那麼在神道教中，惡人惡行又是爲何？本居翁如此回答：「無論世界如何犯錯，都可歸因於所謂『禍津日神』的惡神所爲，他的能力大到連日神或創造天地的神都無法制止。人類更無法抗拒他的影響。惡人享榮華，善人不得志，這些與一般正義相抵觸的事，如此便得到解釋。」所有惡行皆因惡神的影響，而惡人或許會成爲惡神。在這最簡單的信仰之中不存在自我矛盾的問題[48]，也沒有複雜難懂的觀念。犯下惡行的罪人不一定會成爲惡神，理由容後再述。但所有人，無論善惡，都會成爲神，或者成爲感化力。而所有惡行都是惡感化力的結果。

如今這觀念與某些遺傳事實相互一致。我們最良善的能力，必是傳承自祖先最良善的部分；而我們最邪惡的本能，也同理遺傳自我們如今稱之爲

「惡」，其主導的本質。藉由文明在我們心中發展的道德知識，能讓我們強化源自祖先良善的高尚能力，並去除我們的劣根性。我們不得不遵從我們的善神，或排斥我們的惡神。此善惡兩神存在的知識，與人類的理性一般古老。善神惡神伴隨著人類生活的觀念，其實在大部分的信仰中相當常見。我們西方中世紀的信仰，便是將這觀念發展，讓它在語言中永恆地留下一抹痕跡。守護天使或誘惑惡魔信仰的演進，只代表著它的發展如同「神」的信仰一般單純。而這中世紀的信仰也同樣富含眞理。白色羽翼的天使在右耳呢喃；黑

48／我只討論由神道學者闡述的純粹神道信仰。但也許有必要提醒讀者，佛教與神道教已在日本融合，不僅如此，也加上許多中國觀念。令人好奇的是，純粹的神道觀念現今是否仍存在於民間信仰？至於神道的靈魂複體，我們也不明確了解——心靈結構是否因死亡而消逝？根據在日本各地的調查結果，靈魂複體過去被認爲死後依舊爲複合體。

色翅膀的惡魔在左耳囈語。雖然祂們並非眞的在十九世紀人們的身邊，但祂們住在人們的腦袋裡。人們聽得見祂們的聲音，清楚得就像中世紀先人所聞，且時常感覺到祂們的催促。

然而，近代道德觀反對神道教同樣尊重善神、惡神的觀念。「就如天皇祭拜天地神祇，百姓也會敬拜善神以獲得幸福、祀奉惡神以消災解厄……因爲惡神與善神同樣存在於世，所以有其必要供奉美饌、彈奏管弦、表演歌舞，及其他讓惡神開心的舉動取悅祂們。」[49] 事實上，卽使上述說法表示祂們需要被取悅，但在現代日本，惡神的供品及敬拜似乎不多。今日能更明顯地看出，爲何早期傳教士認爲這種習俗是邪教——卽使在神道想像中，西方詞彙中的惡魔概念並無形體。如此看來，這個教義的問題似乎在於不需對抗惡靈，這在本質上與羅馬天主教相反。在基督教及神道教所認定的惡靈之間有著巨大差異。惡神只是亡靈，且不全然是邪惡的，因爲祂可以求和。絕對且純粹的邪惡概念並不存在於遠東。因爲絕對的惡異於人性，所以不存在於鬼魂。因此惡神並非惡魔。祂們只單純是影響人類情慾的鬼魂；若這樣解釋，就像是情慾之神。神道教是現今所有信仰中最崇尚自然的，也因此，它在某些層面上也是最理性的。神道教不認爲情慾本身必定邪惡，而是依據它縱慾的原因、情境及程度，來決定邪惡的多寡。鬼神皆爲人，各有不同比例的人類善惡特質。如果特質中大多是善心，那麼其反映出來的總和就會善大於惡。要了解這觀念的理性面向，對人類的正面的態度是必須——這個認知在古代日本也許是合理的。悲觀者無法信奉神道教，因爲其教義是樂觀的。而且只要

49／出自本居宣長，薩多（Satow）譯。

對人性擁有信念，在其觀念中便找不到無以寬恕的惡。

於是我們認知到敬拜惡靈的必要性，及神道教所散發出的道德特質。古代經驗和現代知識在在告誡我們，若試圖消滅某些趨向會釀成致命災禍——這些性向如果病態發展，或從拘束中逃脫，就會導致放縱、罪過，及無數社會惡害。獸慾與如猿似虎的衝動，早在人類社會形成前便已存在，且是所有惡行的幫兇。但我們無法將它們除去，它們也不會自己消失。任何想消滅它的企圖，都像要是摧毀密不可分的情緒機制。那原始的衝動，甚至無法被智力及情感麻痺。因爲智力或情感的力量，雖給予人類美好的生活，卻也深植於古老的情慾當中。我們最崇高的部分，源自最低下之處。因爲對抗自然情感，禁慾主義創造出怪物。神學律令不理性地對抗人性弱點，只會加重社會問題；禁止享樂的規範，也只會激起放浪形骸。道德史明確地教導我們，我們的惡神需要被討好。情慾仍比理性更爲強大，因爲它們萬般古老——因爲它們曾構成了生存本能，也因爲它們創造出意識的原始層次，而後其他的崇高情感才開始緩慢發展。它們絕對無法受限於規範中。任何想要否定其古老權利的人都不會有好下場！

三

這些原始卻合理的亡者信仰（並開始被今日社會理解），使得西方文明發展出未知的道德情感。這值得細細思考。它們會與最先進的道德觀，及隨進化論擴展的責任感，和諧一致地證明一切。我不知道是否該爲西方人缺乏此種情感而感到高興，甚至我這麼認爲：西方人可能還不認爲道德上需要培養那樣的情感。我們長久以來認爲毫無道理而遺棄之信仰，以及其觀念的反撲，在未來肯定是驚喜之一。因爲那些譴責信仰違背傳統的人，依舊認爲它們是野蠻、異教、未開化的。年復一年，科學研究提供我們新的證據，卽野人、蠻人、偶像崇拜者、僧人，甚至是任何一位十九世紀的思想家，所有角色都將殊途同歸，且會得到眞理。西方如今也正在理解，煉金術及占星學的理論並非全盤皆非。我們甚至不曾夢見，也不曾想像無形的世界——卽使在未來，科學也無法證明這世界是眞理的發端。

最早的神道教道德觀，是對於過去的感謝之意，一種毫不符合西方情感的情緒。相較於日本人了解自己歷史的程度，我們西方更了解自己的過去。我們有無數紀錄、研究每一個事件或情境的書籍。但無論如何，都不覺得自己喜愛或感激它們。那些過去價值、缺點的關鍵認知，被它的美麗激起的少見熱情，以及許多曾經錯誤的譴責：這些都代表著西方對過去的想法及感受。在學術上，我們對過去的態度是冷漠的；在藝術上，我們對過去的態度則相對大方；在宗教上，我們對過去的態度卻多是譴責。無論我們用什麼觀點探究過去，焦點始終都在逝者的所作所爲，而非欣賞時令我們心跳加速的視覺作品，或與當時社會有關之思想行爲。將過去先人視如己出，將數百萬的先人當成眞正血親。我們並非沒思考過，也非全無好奇。對於曾在歷史中建立里程碑的人物、紀錄產生興趣，對西方是必要的——我們的情緒被軍人、政治家、探險家、改革家煽動，這是因爲他們的成就不斷呼喚著我們的野心、慾望、自負，且十之八九都很自私。我們不在乎那些被辜負的無名逝者，毫不感激也毫不愛戴他們。最後甚至難以說服自己，在人類社會形式中，對祖先的尊敬是一個眞實的、強力的、具滲透力的、塑造出生命的宗教情感。在日本的確如此。西方人的思考、感受和行動，對這小小觀念是徹底的陌生。原因之一自然是我們和先祖間沒有精神上的共同信念。若我們反宗教，自然就不相信鬼神；而若我們虔誠信奉宗教，卻會將逝者從自我移除，並將自己的一生和祂們清楚畫分。天主教國家的農民，確實有一種認爲亡者每年得以返回陽間的信仰——諸靈節。但根據這信仰，就算有比記憶更強烈的牽絆，亡者仍不被認爲與生者有關；且根據我們所讀到的民間傳說集，與其形容祂們被愛，不如說祂們使人驚嚇。

在日本，對待亡者的感情截然不同。那是一種感謝、尊敬的愛。也許是最深沉而強力的大和情感。它引領著國民生活，並形塑國民性格。愛國心包含在其內，孝道也倚賴著它。家庭之愛深根於此，忠誠之心奠基其上。在戰場上爲了幫弟兄開路，仔細判斷後，士兵會向前衝鋒並大喊著「帝國萬歲！」；為了不讓父母承受痛苦，子女二話不說地犧牲自己所有幸福；寧願捨棄親友與家產，也不願對如今陷入困境的首領打破過往承諾的支持者；穿著一身白禮服，唸著經文，為了彌補丈夫的過錯而自刎的妻子——他們都遵守無形的祖先意志，並獲得其允諾。甚至在對此抱有懷疑的這一代學生中，這情感也使得許多信念得以存續，讓舊情感得以發聲：「我們絕不可讓祖先蒙羞。」、「光宗耀祖是我們的責任。」在我過去擔任英語老師的期間，由於學生忽略了這些詞彙的眞正意涵，讓我不只一次訂正他們的用詞。例如我會建議「光耀我們宗祖記憶」的寫法，會比「光宗耀祖」更精確。某天我甚至試著解釋，我們為何不該將祖先形容得像是我們在世的雙親！也許學生會懷疑我干涉他們的信仰，因為日本人從不認為祖先會「只變成一個記憶」：他們雖死猶生。

在我們內心突然湧起一個情懷，祖先絕對與我們同在。他們看著我們每一步、知悉我們所有想法，聽見我們一字一句，能對我們感到支持或憤怒，能幫助我們且樂於接受我們的幫助，能愛護我們且也需要我們的愛護——肯定的是，我們對人生及義務的概念會徹底轉變。西方早該以如此莊嚴的方式，來認識我們對過去的道德義務。今日對遠東民眾而言，相信逝者長存的觀念已有數千年之久。逝者試圖賜予我們幸福。除非是個十惡不赦的壞蛋，否則逝者絕不會忘記對後人的義務。平田篤胤[50]認爲，無人能逃避那義務，而且不得不尊敬眾神或他在世的雙親。「這樣的人也會對朋友忠誠，並善待妻兒。因這奉獻的本質在於孝道的眞理」。我們必須在其中，找尋日本人隱藏在性格那奇特的情感。面對死亡的輝煌勇氣，或虔誠的痛苦犧牲——西方情感世界眼中比這兩者更陌生的，是當男童站在一個從未見過的神社前，眼眶就突然充滿淚水，諸如此類簡單又深沉的情緒。我們在情感上無法體會的這個時刻，他察覺到現今對過去的巨大情義，及愛護逝者的義務。

四

如果我們稍微思考自己身爲負債者，及我們接受這地位的方式，就會發現一個在西方、遠東兩者道德情感間的驚人差異。

當西方初次意識到「生命是神祕」的事實，沒有什麼比它更令人敬畏。從未知的黑暗，我們進入日光的崛起瞬間，四下環顧，既喜又苦，然後傳遞

50／平田篤胤（1776-1843），日本江戶時代學者，爲日本國學四大家之一。

我們的悸動給其他生物，再次回歸黑暗。於是一波浪潮湧起，我們抓住那日光，改變動作，接著沉入大海。於是一棵植物萌發自土壤，伸展枝葉呼吸空氣並迎接日光，之後開花結果，再次回歸塵土。然而浪潮沒有知識，植物也沒有知覺。每段人生說穿了只是一道生於土死於土的拋物線。我們卻在這短短的變化中，感受到宇宙。這現象令人敬畏之處，在於無法定論。沒有凡人能解釋生命本身這最常見卻又難以理解的現實；但每個能思考的凡人，都被迫思考與「自己」有關的生命。

我從神祕中誕生；我看見天與地、男與女，和其作品；我知道自己必將回歸神祕。這個事實，卻連最偉大的哲人、甚至連史賓塞先生都無法告訴我。我們是自己的謎團，也是彼此的謎團。空間、動作與時間是謎團，行為也是謎團。關於以前與以後，新生與死亡都未留下任何訊息。孩童不說話，骸骨露齒而笑。大自然不會爲我們帶來任何慰藉。從她的無形中誕生的，終將回歸無形——如此而已。植物回歸塵土，塵土誕生植物。此時，其生命的悸動又是如何？它是否存在於無形，就像在窗玻璃上結成霜凍的神祕力量一樣呢？

就在無限謎團的領域內，無數古老的次要謎團等待著後人。就像伊底帕斯曾須面對斯芬克斯（Sphinx）；而數以千萬的人類——在時間的軸線上，他們都蜷伏在骸骨中，等待著更深更難的謎團。斯芬克斯的所有謎題都尚未解開；在未來無數並列著，吞噬生命的斯芬克斯尚未誕生；但其中一部分已獲得解答。因爲知識指引我們，使我們逃脫毀滅的魔掌，不在永久恐懼下生活。

我們所有的知識被傳承給知識。逝者能習得關於自己與世界的所有，也已經留給了我們。這是關於生死法則；關於必須獲得及必須遠離的事物；關於更不痛苦的生存方式；關於對錯悲喜；關於我慾的謬誤、親切的智慧、犧牲的義務等。所有能探索到關於風土氣候的所有，祂們也留給了我們。那是關於日月星辰；關於宇宙運行、組成等。爲了防止我們掉進更大的妄想，祂們甚至編造出長久而善意的妄想。祂們努力的經驗，祂們的成敗，祂們的喜悲愛恨都留給我們，再再爲了告誡或明證。祂們希望獲得我們支持，因爲祂們帶著最懇切的祈願爲我們辛苦奔波，也因爲祂們創造我們的世界。祂們開疆闢土；祂們將猛獸趕盡殺絕；祂們馴服並使動物爲我們所用。「庫列沃之母從墓中甦醒，並從地底深處對他叫喊：『我已留給你繫在樹上的犬隻，你可以帶著牠打獵。』」[51] 祂們也馴化有用的樹木植物，祂們發現金屬產地及功用。隨後祂們更創造出所謂的「文明」，深信我們會一改祂們曾經犯下的過錯。祂們付出難以計量，竭盡所能造就之遺產十分珍貴。但西方人每天夢的說的卻是什麼？難道是如神道教信徒所言「我們後裔的先祖，我們家族的先祖，我們血緣的先祖，你們是創造我們家庭的始祖，我們獻上最誠摯衷心的感謝」？

毫無所思。這不只因爲我們認爲亡者無法溝通，也是因爲在西方人的世代，除了很小的生活圈（如家庭圈），從未經過表現同情心的訓練。西方的家庭圈相較東方確實很小。在這十九世紀，西方家庭幾乎各奔四方——實際上只剩丈夫、妻子和年幼的孩子。東方家庭意味的不只是雙親和血脈，也包含了祖父母、親屬，與曾祖父母及所有先祖。這種家庭觀念培養著同情心。

51／《卡勒瓦拉》（Kalevala）第三十六章。

在日本，這種情感的表現範圍可以擴展至許多家庭團體及次團體，甚至在國難時，能將整個國家視爲一個大家庭：一種比西方所謂「愛國」還更有深度的情感。在宗教上，這情感則延伸至所有過去。敬愛、忠誠及感謝的情緒雖不如此純粹，卻與東方人對在世血親的情感同樣眞實。

在古代社會崩解後，這樣的情緒便無法留存在西方。我們將祖先趕下地獄，並禁止頌揚其成就——訓練我們要對希伯來衆神回報萬物，並創造出思考與不假思考的習慣，而這兩者皆不利於對昔日的一絲感激。之後神學式微，知識崛起，隨之而來衍生的教義，漸轉爲「亡者無法選擇其成就」——祂們遵守必然性，而且我們只從如此必然性，接收到結果。如今我們依舊無法體認到，必然性應該迫使我們的同情心與那些遵守必然性的人同在；我們也無法體認到，如此必然性造成的結果是何其珍貴。即使是對象是服侍我們的生者，像這樣的思維很少出現在我們身上。我們精算自己購買或取得一件東西所需的代價，至於製造者所付出的努力，我們則視若無睹：展現出了這種意識，我們應當被恥笑。而我們對過去成就，抑或今日成就的同理心，兩者皆毫不在乎，這大大解釋我們文明的揮霍——爲了一瞬的享樂，而魯莽地踐踏寶貴的勞動。無數缺德富豪的獸性，年復一年滿足毫不必要的欲望，甚至不惜耗費幾百條生命。文明的食人族比那些眞正的食人族更加殘暴、貪婪，卻絲毫不自覺。廣義的愛，更深沉的人性，會是奢侈無用的敵人。它反對爲了滿足欲望、享樂愉悅而肆無忌憚的任何社會形式。

而在遠東，生命單純的道德義務卻從遠古流傳下來，而祖先崇拜習俗已經發展，並培養出人性，西方人所缺乏的人性。爲了使自己免於滅絕，我們也不得不接受它。德川家康的幾句話便能說明東方情感。當完全掌握帝國時，這位日本最偉大的軍人及政治家，某天被發現穿著一件又舊又髒的袴褲，並拿著清掃拂塵。「你看見我正在做的事，」他對僕人說道：「並非是因爲我認爲這件袴褲髒得適合清掃，而是我認爲這袴褲本來就是要用來清掃。這是一個貧婦辛苦後的成果，它因此適合被穿著清掃。使用物品時，如果我們不思考製造它所需要的時間及心力，那我們對欲望的索求便與野獸無異。」同樣地，在他最富強的時期，我們曾聽見他斥責妻子太常想爲他添購衣裳。「當我想到，」他如此反對：「我許多身邊的人，及在之後的世世代代，爲了他們，我認爲自己有節制的義務。」這單純的心態仍未遠離日本。即使天皇及皇后在他們私人住所，都過著如其子民般儉樸的生活，並奉獻他們的財富，讓民眾減輕壓力。

五

透過進化論，西方終將發展出對過去義務的道德認知，就如東方建立的祖先崇拜觀念。即使在現代，已經掌握新哲學的那些人，在最尋常的手工藝品上也看不到它的進化史。對他們來說，最尋常的器皿只是一個單憑木匠、陶匠、鐵匠或刀匠的職業身分就能做出的產物，而非透過數千年不斷的經驗，帶著技法、材料及方法的最終產物。他也不可能會認爲機具的進化需要大量時間及心力，更不會體會到什麼寬厚的情感。因此在即將來到的世代，人們必須要想起與先人有關的昔日遺產。

但培養這「廣大情感」的過程中，比起體認自己受惠於過去更爲強烈的是，體認到我們的心靈也同樣受惠。開拓這個非物質世界，我們應該歸功於先人。我們居住的世界，所有衝動、情緒、思維皆動人的世界。無論是否能從科學觀點理解人類之善爲何，或是其背後的巨大付出，任何人都能在一般生命的尋常場景中發現美麗，它神聖，且能感受到我們的祖先確實爲神。

只要我們假設女人的靈魂本質上爲單一（爲符合這一特別外貌而創造的生物），就無法看見母愛的美和奧妙。但有了更深的知識，我們必然察覺到那無數已逝人母的遺傳之愛，已然珍藏在我們生命中，也察覺唯有如此，才能解釋爲何嬰孩耳中的母親叫喚是如此甜蜜；或當在嬰孩的眼中，爲何母親的面容散發出無盡之溫柔。不了解這些的凡人是痛苦的，但又是何等凡人能有幸討論這些！母愛確實神聖，因爲人們所認知的神聖萬物之總和就是愛。將這些對母親的印象，傳達並加以轉化成更高表現：她是聖母馬利亞。

毋需再提初戀、性愛的幽魅皆爲幻象——因爲逝者的情慾、美豔在泡影中甦醒，以使人目眩、耽溺、及蠱惑。這的確非常非常美妙，但並非是好事，因爲當中眞眞假假。女人的眞正迷人之處，在於隨幻象而至的事物——當所有幻象漸逝，展露出實際面貌時，會比任何幻象都更令人愉悅，而她的眞實面貌已在魅影之幕上展現出來。我們所認爲女人的神奇魅力又是什麼？只有情愛、甜蜜、信念、無私，及無數逝者的直覺。所有重生的生命、所有重新燃起的悸動，均在她每一次鮮活又溫暖的心跳之中。

形構自前人的精神，也展現在某些驚人的社交才能。奇妙的是，能眞正「滿足所有人」的人，或是讓自己戴上千百種不同面具的女人，在理解、看透對方，並試探彼此後（看似沒有個性，其實卻有無數的自己），能帶著與對方心有靈犀的靈魂，即使面對性格迥異的人。這些特質確實少有，但當旅人們探索文明社會時，仍有幸遇見他們的一、兩位。他們本質上是複合的——

如此明顯，甚至認爲自我是單一的那些人，都得將他們描述爲「極度複雜」。然而，同一人身上同時存在四、五十種不同人格，是如此非凡（尤其是在人際歷練解釋之前，就出現在某些青年身上）。我不禁懷疑是某只有少數人能確切理解其意義。

我們將某些形式的天分稱呼爲「直覺」時也是如此。特別是與情緒表現有關的天分。如莎翁這種天才，也許永遠也搞不懂遠古的靈魂說。法國史學家丹納（Taine）曾試圖用「一個完美的想像」來描述莎翁，這形容雖不中亦不遠矣。「一個完美想像」的意義究竟是什麼？恆河沙數的靈魂所組成——就在人們無盡的前世中。除此之外，不會有更好的詮釋……而心靈複體說不只在純知的世界才值得讚揚：而是在我們最純粹的敬愛、名譽、同情、英雄氣概等情緒世界。

「但從如此理論推斷，」有些批評者可能會如此觀察：「英雄衝動的源頭也會是罪犯衝動的源頭。因爲兩者都是我們的先祖。」的確如此。我們遺傳到惡，也遺傳到善。身爲複合體（仍在進化，仍在發展）的我們只遺傳到不完美。但「適者生存」的衝動，肯定會在人類的道德中獲得驗證——「適者」一詞是從道德面來看。儘管世界上沒有一處的苦難、惡行與罪過，與自稱基督教文明的我們一樣嚴重；但任何生活豐富、經常旅遊，且思緒縝密的人都清楚知道大多數的人是好人，而自先人遺傳下來的多數衝動也都是好的。同樣地，社會情境越平凡，人性一定越善良。自古以來，善神總是設法不讓惡神掌握世界。若接受這說法，我們未來正邪觀念必然會有巨大的延伸空間。任何英勇的行爲，或偉大的良善行爲，都呈現出不容質疑的珍貴思想。所以比起人類經驗總和、及過去道德上的全部奮鬥，所謂「犯罪」對抗他人及社會的程度肯定較少。眞正的良善會被稱頌；眞正的罪過則不爲審判寬容。早期的神道教認爲，任何道德法則都是多餘的——因爲人類行爲的正道永遠發自內心——這無疑會被益發完美的後人所接受，而非今人。

六

但你也許會這麼想：「透過進化論對遺傳的研究，證明在某些層面上，生者確實被先人控制。但這也告訴我們，先人是存於生者內心，而非身外之物。他們是我們的一部分，沒有證據可以證明他們不屬於我們。也因此，感謝過去就是感謝自己；敬愛先人就是敬愛自己。所以你的類比推論會卡在荒謬的死胡同。」

並非如此。祖先崇拜的原始形式，或許是眞理的象徵。它也許是某種指示或前兆，提示我們知識的擴展必須伴隨著新的道德義務：向倫理、奉獻的歷史表達崇敬的義務。但它不只如此。遺傳學只能解釋心理結構的一半。植物能製造出十株、二十株，一百株的植物，而不在過程中損害自己；動物會生出許多動物，也倚靠著肉體、及不滅的思考能力得以存活；孩子出世，而父母使他存活。心智、肉身肯定都同樣被遺傳下來。但無論植物或動物，所有生殖細胞從不奪取雙親的身體，而是重複他們。它們持續複製，留存種族的所有經驗，但同時又將這些經驗寫下。緊接著是難以理解的驚人景象：肉體與心智的自我複製，生不息地從雙親的生命中萌發，每一個都將變得完整而具生殖能力。雙親若是在遺傳過程中將全部生命奉獻給子孫，或許可說這是有利於唯物主義。但就像印度傳說中的衆神「自己」會繁殖，而且保持原樣，並帶有十足的繁殖能力；神道教認爲靈魂是透過分裂而繁殖。但心靈分散的事實，比起理論則更加微妙。

偉大的宗教都已有所認知：遺傳學無法解釋關於「自己」的所有疑惑，也無法說明殘留下原始的「自己」的命運。所以它們一致地探討外在肉體的內在獨立。科學無法決定事實，科學也無法完全決定那些宗教所引發的議題。我們可能會無助地問道：那麼形構植物生命的力量，在植物死後會變成什麼呢？或者更進一步：形塑亡者內心的情感，最終會變成什麼？但這最純粹的直覺問題，卻無人能夠解釋。我們只知道在生命路途中，某些植物或人類體內的活躍力量，會持續與外部力量平衡。而在內部力量不再回應外部力量的壓力後——前者所在的身體，便會融入構成他們的元素中。我們僅能一窺事物的可能傾向，而無法完全看透它們的細微本質。但是，與其相信它們會永遠消失，我們倒不如相信它們在溶解後，那生命仍繼續存留。自然發生說（此名有誤，因爲「自然」一詞只有在某些前提下，才能用於生命起源說）是一種進化論者必須接受的理論。但懂得科學，也懂得物質本身正在進化的人，並不會爲此感到訝異。眞正的自然發生說（這並非指有機體會在一罐注射物中發生，而是指生命最初是從地球表面誕生）有其巨大、但非無限的心靈意涵。它必須相信潛在的生命、思想、情緒會從星雲到宇宙、從天體到天體，從恆星到行星或衛星，而又再次回到原子的漩渦中；它也意指那些演化傾向會在太陽的酷熱中存活下來，也會在宇宙的巨變與崩潰中存活。創造物和演化傾向，必定會是宇宙和宇宙間的差異所在。但它的遺傳形式過於龐大複雜。這絕非偶然，而是鐵律。每一個新的進化都會被先前的進化影響，就如同每個人生，都會被先祖的經驗影響。過去萬物的形式，當然不會被後繼的形式影響，但今日人類的思維行動，是否能對未來世界有所助益呢？我們將不再認爲煉金術只是個荒謬的幻想。我們甚至再也不能斷言，所有現象皆非命中注定。如同東方古老思想所言，現象皆出自於靈魂的潛能。

我們先祖無論是否會永存心底，抑或在我們身外生存，仍無法從相對盲目的現狀得到解答。肯定的是，宇宙事實與神道教信仰有著相同的一點：即萬事皆由先祖所定奪：無論是人類的先靈，或世界的先靈。正如我們的人生，是由今日不可見的過去所支配，所以地球的生命，及其所屬的太陽系，也是由無數天體的先靈所支配：已逝的星系、毀滅的恆星、行星、衛星，其外型早已融入暗夜，但其力量卻不死不朽地活躍至永遠。

就像神道教信徒所認爲的，我們可以追溯自己的血緣直到太陽。但我們也知道那裡並非我們的起源。那可比無數恆星的生命還要遙遠——假設起源確實存在。進化論認爲我們原是毫無經驗的單一個體，而我們的心智行爲會持續地改變；進化論也同樣認爲，我們每一個都是許多生命的複合體，但我們所有人對彼此及宇宙則是單一個體。進化論也讓我們明白，過往的人們不單單在我們心中，也同樣在每一個生命的珍貴及美麗之中。所以我們愛他人卽是愛自己，我們也必須爲了他人奉獻——色卽是空，而外表只是面具和幻象——無形的無限只屬於所有人類的情感，而無論生或死。

拾伍

君子

「遺忘、

卻不再出現的想法，

才是由衷。

比起不斷地思念——

想法哪。」

——君子

（希望能被摯愛所遺忘，是一個比試著不遺忘還要難上許多的靈性挑戰。）

一

她的名字，寫在藝者町一間家戶那入口處的提燈上。

入夜後的這條街，是世界上最奇妙的景象之一。它窄如舷梯，黑暗閃耀在關得緊閉的店鋪木門上，每一間都有一面看起來像是毛玻璃的紙障子，讓你誤認爲是頭等席。建築有幾層樓高（但你根本看不見），尤其當沒有月亮映照時。因爲燈光只照到雨遮下的低樓層，所以在那之上是一片漆黑。燈光來自障子內的油燈，和外頭的提燈——一家一盞。若望向街上，會看見兩旁的提燈，在遠方交會成一根黃色的光棒。那是蛋形或筒形的提燈，有的則四角或六角形，上頭精美地繪上日本文字。街上靜謐得像是無人的傢俱展示場。這是因爲居民大多已出門參加宴會或祭典。他們的生活到晚上才開始。

向南左側第一盞提燈上頭寫著：「金の屋：內岡田」，表示這棟金屋住著岡田一家。而右側的提燈寫著西村家，及一個名爲「美生鶴」的女子，這名字象徵著生活高貴的鶴。左側第二間是梶田家——裡頭住著小花，花蕾之意；及雛子，她的臉蛋美麗得就像洋娃娃。其對面則是長江家，裡頭住著君香及君子……而這兩排有名有姓的明亮房舍綿延了半里長。

而最後這盞提燈上寫的君香及君子，透露了她們的關係。不僅如此，君子還被標上「二代目」，表示她是第二代君子的敬稱。君香是師匠和主人：她培養過兩名藝伎，且均由她命名、或改名爲君子。而再次使用君子這名字，也大大說明了第一代君子想必相當受到歡迎。因爲任何不吉利或不成功的藝名都不再有後繼者。如果你有幸進入那家門——推開掛著提燈的那一邊房門時，會響起門鈴以提醒有客人來訪——或許你能遇見君香，她會帶著一小群藝伎，而不親自接待。你會發現她十分伶俐，且非常值得交談。當她在興頭上時，會告訴你最有趣的故事。有血有肉的眞實故事。關於人性的眞實故事。因爲藝者町裡滿是傳說。有喜、有悲，且有張力，每家每戶都有故事，而君香無所不知。有的駭人聽聞，有的讓你捧腹大笑，有的則値得深思。第一代君子的故事便屬於最後一種。它並非是最珍奇的故事，卻最容易讓西方讀者理解。

二

第一代君子已不復存在：她只是個記憶。當君香稱君子爲後輩時，君香相當年輕。

「她是位非常非常棒的女孩。」君香如此提及君子。爲了在業界贏得好名聲，藝伎必須貌美或聰明，有名的藝伎則通常才色兼備，她們通常會依據這些潛質，年幼時便由訓練者遴選出來。即使平庸的歌女也必須在年輕時擁有某些相應的魅力，但願啟發日本俗語「十八歲的惡魔也很美」的惡魔之美，是眞實的[52]。但君子不僅是美麗，她是日本美人的典型。而這並平凡女子能輕鬆達到的。她聰慧過人，她多才多藝。她會吟詠優雅短歌，會精巧地插花，毫無破綻地展演茶道，也精通刺繡及雕花。一言以蔽之，她萬藝皆通。她初登場之時，就在京都掀起一股熱潮。她顯然能得到她想要的任何事物，榮華富貴正垂手可得。

很快地，她便證明自己已學成出師。她曾被教導如何在所有可能的環境下做好自己的本分。不過君子所不知的事，君香無所不知：美貌的優勢，及情慾的弱點；承諾的狡詐，及冷漠的價值，及男人內心所有的愚痴及邪惡。君子曾幾次為此犯下錯誤並流下懊悔的淚水。不久後，她便如君香所盼的，變得略為危險。正如燈火是為了夜鳥而亮，但有些鳥飛過時卻會熄滅燈火。而燈火的功用在於使愉悅的事情變為可見：並無惡意。同樣地，君子沒有惡意，也沒那麼危險。焦急的雙親發現她既不想嫁入好人家，也不想認真地談場戀愛。那些以血在誓言上署名，並要伴舞女郎切掉左小指的指尖，以志此情不渝的年輕女子——君子對於她們也不是特別感興趣，她也想使點壞來治好她們的痴情。有些土豪會想提供她土地房舍，以贏得佳人歸。其中一人還曾慷慨地想無條件贖回她的自由，其開價足以讓君香一夕致富。而君子雖然

52／「鬼も十八、薊の花。」另有一句與龍有關的類似諺語：「蛇も二十。」

感謝，但她仍寧可身為藝伎。她運用自己的冷漠，過於圓融地控制怒氣，也知道如何在多數情況療癒失望之情。當然也有例外。一個老人便認為除非得到她的芳心，不然就一死了之，於是某夜便邀她一同把酒言歡。但善於察言觀色的君香，偷偷將君子的酒換成茶（兩者顏色相同），憑著直覺救了君子寶貴的一命——然而十分鐘後，這愚蠢老人的魂魄無疑帶著極大的失望，走向了冥途……從那夜起，君香就像母貓一般監視著君子這隻小貓。

這隻小貓變成一股潮流、一股狂熱，或是一陣旋風。她成為當時搶手的名伎。也有一位外國王子念念不忘她的芳名，送給她一串鑽石作為贈禮，但她卻不曾佩戴。而她收到的各種禮物，皆來自能負擔用來取悅她的奢侈品的人。即使只為了一親芳澤，哪怕只有一天，也是這些「貴公子」的目標。但君子仍不讓任何人以為自己就是那位真命天子，也拒絕為了鍾愛一生而訂下婚約。對此的任何異議，她均以自知分寸作爲回答。有些名聲響亮的女子，甚至會在外頭說她的壞話——因爲她的名字從未牽扯進任何家庭失和的故事中。可見她的確有其分寸。且時光在她身上更增添迷人魅力。也有其他成名的藝伎，但沒有一位能與她相提並論。有些廠商還會確保自己持有她照片的使用權，以製成有利可圖的貼紙。

但某天出現一則驚人的新聞，君子最終還是袒露她柔軟至極的心腸。她已經向君香辭職，並與某位能給她所有想要的美麗衣裳的人離開。他也渴望給予她社會地位，及平息有關她昔日荒淫的傳聞；他更願意爲她死上幾次——他爲了愛已經折損了半條命。君香說，曾有個傻瓜因爲君子而企圖自殺，君子同情而照顧他，最後又回到痴愛的狀態。豐臣秀吉說過，世界上他只怕兩樣東西——傻瓜和暗夜。君香一直都害怕傻瓜，但有位傻瓜帶走了君子。君子不會再回到她身邊，而帶著自私的眼淚，君香又說道：「對他們雙方而言，這是七世之愛。」

但君香只說對一半。君香確實聰明，但她未能看透君子靈魂深處某些私密的所在。如果她早些看見，便會大聲驚呼。

三

君子有和其他藝伎不同的高雅血統。在她尚未取花名之前，她原名「あい」。但此名的漢字可作愛情的「愛」，也可作哀傷的「哀」。而這名爲「愛」的故事，既帶著哀也帶著愛。

她曾受過良好教養。當還是孩童時，她被送去由老武士興辦的私塾。在那裡，小女孩會坐在一尺高小桌前的坐墊上，而老師均爲無給職。今日老師的薪水比公務員還高，也比過去要來得眞誠、愉快。僕人總是當起伴讀，帶著她的課本、筆墨、坐墊及小桌往返學校。

後來她進入公立小學校。當時第一版現代教科書才剛出版，將英國、德國、法國故事翻成日文，並精心選錄關於榮譽、責任與英雄主義的故事。還附上純眞的小插圖，裡面人物穿的衣服絕不可能出現在現代西方人身上。那些看來寒酸的小課本，如今卻是逸品：它們早已被編輯得粗製濫造的教科書給取代。小愛學得很快。每年考季，有位當時會參訪學校的大官，會視如己出地與學生話家常，在頒獎時也輕拍著每一顆小腦袋瓜。他現在已退休，且無疑已忘記當時的小愛；現在的學校則無人關心女孩，或頒獎給她們。

接著是廢藩制縣的改革，高官貴族被打入無位無祿的平民階級，使得小愛也必須休學。許多大悲劇隨之而來，她與母親、年幼的妹妹相依爲命。母親和小愛只會編織，但光靠編織無法養家活口。首先是變賣房舍土地。接踵而至。所有非生活必需品如傳家寶、首飾、高級衣裳、鑲有圖紋的漆器，都賤賣給踩著他人的不幸致富、財產被稱爲「淚金」的那些人。生者的援助很有限，因爲大部分的武士族親也同樣悲慘。當她們一無所賣時（她們甚至連小愛的課本都賣了），卻從亡者得到幫助。

她們想起小愛祖父下葬那時，大名贈予的寶劍也一起入土。寶劍的劍鞘是用黃金做的。於是她們開棺，將那巧奪天工的劍鞘換成一般的劍鞘，並拿掉劍鞘上的裝飾。但她們並未取走劍身，因爲已逝的武士可能在地下需要它。小愛看見他的臉，就像是依循古禮下葬時，他跪坐在高級武士棺材的土甕裡的模樣。在下葬多年後，他的五官仍清晰可辨。而他似乎同意她們將劍身留下，笑著點頭。

最後小愛的母親病倒在編織機前，而劍鞘上的黃金也全數變賣。小愛說道：「母親，我知道我現在只能做一件事。請將我賣身爲舞女。」母親哭著不語。但小愛滴淚未流，獨自走出房門。

她還記得從前在她父親的家舉辦宴會時，舞女會在旁侍酒，而一位名爲君香的獨立藝伎會不時照顧她。於是她便直接來到君香家門。「我希望您能買下我，」小愛說道：「而且我需要一大筆錢。」君香笑著安撫她，並奉上食物，靜靜傾聽她訴說。她未流一滴眼淚，十分勇敢。「孩子，」君香說道：「我給不起妳一大筆錢，因爲我手上有的不多。但這是我能做的：我會承諾照顧妳的母親。孩子，因爲妳的母親，是位偉大的女性，也因此她不知該如何靈活用錢。請妳令人尊敬的母親簽署這份合約，同意妳在二十四歲前都跟在我身邊，或者直到妳還清債務。我現在可以先給一筆錢作爲贈禮，好讓妳拿回家。」

小愛就這樣成爲一名藝伎。君香將她改名爲君子，並信守承諾照顧她的母親及小妹。但母親在君子成名之前便離開人世，而小妹也開始上學。那之後的事情已在先前提過。

至死不渝地愛著這位舞女的年輕人，他值得更好的女子。他是家中獨子，而他的雙親既有錢又受封爵位，也願意爲他做出任何犧牲，甚至願意讓一名藝伎進門當媳婦。此外，他們更不嫌棄君子，因爲她已經擁有他們的兒子。

在離開前，君子參加小妹小梅的婚禮，她剛從學校畢業。她既溫柔又美麗。君子用她對男人的邪惡知識湊成這樁姻緣。她選擇一名相貌平庸，忠貞不二，且作風老派的商人。他再怎樣都壞不到哪去。而小梅並不懷疑她姊姊的眼光，時間也證明這是對的。

四

那時正值四月，君子搬進爲她準備的家。那是一個忘記塵世中所有不快的地方，就像那遺落在陰暗靜謐，築有高牆的花園之中，一處迷人的仙宮。因爲善行的庇佑，她感覺自己宛如在蓬萊國重生一般。但春去夏至，君子還是那位君子。爲了某些不能說的理由，她曾設法使婚期延後三次。

到了八月，君子不再胡鬧，用溫柔但堅定的語氣訴說她的理由：「是時候說出我心中積藏已久的話。爲了生下我的母親，也爲了小妹，我必須往地獄裡去。過去已逝，但業火仍在我心中灼燒，且無法消滅。我並非爲了想進入望族，也非為你生個兒子，更非貪圖你的房子……容我說一句：關於錯事，我所見的比你多太多……我絕不想做一個讓你蒙羞的妻子。我只是你的朋友、玩伴、過客。但這也不是為了什麼好處。因此我該離開你！那天肯定會來到！你會看得更清楚。我還是會溫柔待你，但不是現在這樣，這是愚痴。請記得我的這些肺腑之言。你將會找到另一個甜美優雅的眞命天女。我看得見她們。但我不可能變成你的妻子，也不可能體會為人母的喜悅。親愛的，我只是你做出的一件傻事，一道幻象，一場夢境，一道掠過你人生的陰影。或許我之後會轉世為其他生物，但絕不可能是你的妻子，無論此生或來生。若再問一次婚期，我就會離開。」

毫無來由地，君子在十月消失無蹤。徹底一走了之，不見人影。

五

無人知曉她何時及如何離開。卽使是附近的鄰居，也無人瞧見她曾路過。起初他們認爲她很快就會回來。因爲她所有美麗貴重的家當、衣裳、飾品、禮物，和他們的財產，都絲毫未取。接續數周仍毫無音訊，他們開始擔心她是否遭遇不測。翻遍河床、搜遍水井。也用電報、書信四處打聽。更派僕人搜索。懸賞任何消息——特別是君香提供的酬勞。她與君子十分親密，甚至只要有君子的消息，她什麼酬勞都無所謂了。但是謎團依舊未解。卽使警方也一無所悉：她只是逃亡，既沒做錯事，也沒犯法。而且帝國警察制度的龐大體制，也不是爲了被愛沖昏頭的青年而設立的。月復一月，年復一年。無論君香、在京都的小妹，以及崇拜這位美麗舞女的無數民衆，都不曾再次見過君子。

但她的預言的確成眞，他們已流乾眼淚並消除所有期盼。在日本，沒有人會爲同一件事再度死心。這位君子的仰慕者想通了。他後來認識一個甜美的妻子，也生了兒子。又過了幾年，就在君子曾居住的仙宮，一家過著幸福快樂的日子。

某天早晨，一個遊居四方的尼姑，來到他們家門口化緣。孩子聽見尼姑的讀經聲便跑向玄關。此時，家僕正拿著要施捨的白米，好奇地看著尼姑一邊撫摸孩子，一邊對著孩子說悄悄話。接著孩子對著家僕叫著：「我要給她白米！」在帽緣的陰影下，尼姑懇求道：「請您讓那孩子施捨我。」於是那男孩將白米放入化緣的缽中。她謝過孩子並問道：「那你是否願意再爲我說一次，我剛才希望你對你那令人尊敬的父親說的那句話嗎？」而孩子口齒不清地說道：「父親，你那位這輩子再也見不到的人，說她因爲看見你的兒子而感到開心。」

尼姑微微笑著，並再次撫摸他，便立刻離開。當孩子跑向父親重述著那尼姑的話時，更是令家僕納悶不已。

父親聽見那句話後，他眼眶一片模糊，並抱著孩子痛哭。因爲他，只有他，知道當時在玄關的人是誰，以及話中的犧牲意涵。

他反覆想著，對人不發一語。

他知道恆星與恆星之間的距離，要比他和曾愛過他的女人之間的距離要來得短。

她在何處遙遠的城市，她在何條蜿蜒狹窄的無名美麗街道，她在何座只有最窮困的人才知道的偏僻小廟——他知道探究這些都是沒有意義的。因爲她正看著無盡天幕、正等待著黑暗中的黎明。那時大恩教主的慈顏將微笑看著她，佛陀會用比愛人口吻更爲慈愛的深沉語調，對她說道：「噢，我的法娘，妳已功德圓滿。妳已修成正道，我在此接引妳至西方！」

日本神道文化體驗者、最理解大和魂的西方人

小泉八雲

原爲希臘人的小泉八雲，由於童年顚沛流離的生活所致，養成其敏銳的觀察力與感性多思的共情能力。小泉八雲之所以對日本文化心生嚮往，始於一次博覽會所接觸的日本文物之美，後來透過雜誌社的採訪邀約，他終於有機會來到日本，一睹大和魂的眞相。

小泉八雲遂透過文字記錄，深入日式精神與神道信仰，領悟珍貴的民族心性。本書《心》的書名原文「Kokoro」，在日文中便具有許多含意，漢字寫作「心」，但在不同意境下，也象徵著「精神」與「記憶」——也就是大和民族的靈魂，恰恰反映了小泉八雲最珍貴的觀察心得。

本書的十五篇短文便是小泉八雲在日本展開追尋、探求大和民族最眞實一面的散文筆記。他時而以對話形式淺談最令日本人有所感悟的生活體驗；時而以外來者的宏觀立場，觀察這個民族建構人心與社會價値的內在精神。全書盡顯小泉八雲身兼記者、作家的文字功力，以點到爲止的筆觸書寫所見、所聞、所想，帶領讀者進入大和魂的最深層。

〔echo〕001

心 Kokoro: Hints and Echoes of Japanese Inner Life

十五篇剖析日本傳統精神、信仰價值的哲思隨筆

精裝典藏版

作者 小泉八雲（Lafcadio Hearn）
譯者 蔡旻峻
主編 洪源鴻
責任編輯 洪源鴻
行銷企劃總監 蔡慧華
行銷企劃專員 張意婷
封面設計 虎稿・薛偉成
版面構成 虎稿・薛偉成

社長 郭重興
發行人 曾大福
出版發行 二十張出版——遠足文化事業股份有限公司
地址 新北市新店區民權路108之2號9樓
電話 02・2218・1417
傳真 02・2218・1057
客服專線 0800・221029
信箱 akker2022@gmail.com
Facebook facebook.com/akker.fans
法律顧問 華洋法律事務所——蘇文生律師

製版 軒承彩色製版股份有限公司
印刷 通南彩色印刷有限公司

出版 二〇二三年五月——初版一刷
定價 四五〇元

ISBN ｜ 978-626-97059-0-0（精裝） 978-626-97059-2-4（ePub） 978-626-97059-1-7（PDF）

國家圖書館出版品預行編目 (CIP) 資料

心（精裝典藏版）：十五篇剖析日本傳統精神、信仰價值的哲思隨筆／小泉八雲（Lafcadio Hearn）著／蔡旻峻譯／初版／新北市／遠足文化事業股份有限公司二十張出版／ 2023.05 譯自：Kokoro: hints and echoes of Japanese inner life
ISBN：978-626-97059-0-0（精裝）
1.CST：文化 2.CST：風俗 3.CST：社會生活 4.CST：日本 731.3 111022510